O QUE AS ESCOLAS DE NEGÓCIOS *Não* ENSINAM

JOSÉ SALIBI NETO & SANDRO MAGALDI

O QUE AS ESCOLAS DE NEGÓCIOS *Não* ENSINAM

Insights do Mundo Real de Gladiadores da Gestão

Rio de Janeiro, 2019

O Que as Escolas de Negócios Não Ensinam: Insights do Mundo Real de Gladiadores da Gestão

Impresso no Brasil — 1ª Edição, 2019 — Edição revisada conforme o Acordo Ortográfico da Língua Portuguesa de 2009.

Publique seu livro com a Alta Books. Para mais informações envie um e-mail para autoria@altabooks.com.br

Obra disponível para venda corporativa e/ou personalizada. Para mais informações, fale com projetos@altabooks.com.br

Produção Editorial
Editora Alta Books

Gerência Editorial
Anderson Vieira

Produtor Editorial
Juliana de Oliveira
Thiê Alves

Marketing Editorial
marketing@altabooks.com.br

Editor de Aquisição
José Rugeri
j.rugeri@altabooks.com.br

Vendas Atacado e Varejo
Daniele Fonseca
Viviane Paiva
comercial@altabooks.com.br

Ouvidoria
ouvidoria@altabooks.com.br

Equipe Editorial
Adriano Barros
Bianca Teodoro
Ian Verçosa
Illysabelle Trajano
Kelry Oliveira
Keyciane Botelho
Maria de Lourdes Borges
Paulo Gomes
Thales Silva
Thauan Gomes

Revisão Gramatical
Wendy Campos
Hellen Suzuki

Projeto Gráfico | Capa
Bianca Teodoro

Ilustrações
Paulo Gomes

Diagramação
Lucia Quaresma

Dados Internacionais de Catalogação na Publicação (CIP) de acordo com ISBD

S165q Salibi Neto, José

O que as escolas de negócios não ensinam: insights do mundo real de gladiadores da gestão / José Salibi Neto, Sandro Magaldi ; ilustrado por Paulo Gomes. - Rio de Janeiro : Alta Books, 2019.

288 p. : il. ; 16cm x 23cm.

ISBN: 978-85-508-0822-2

1. Administração. 2. Negócios. 3. Gestão. I. Magaldi, Sandro. II. Gomes, Adriana Salles. III. Gomes, Paulo. IV. Título.

2019-412

CDD 658.4012
CDU 65.011.4

Elaborado por Vagner Rodolfo da Silva - CRB-8/9410

Rua Viúva Cláudio, 291 — Bairro Industrial do Jacaré
CEP: 20.970-031 — Rio de Janeiro (RJ)
Tels.: (21) 3278-8069 / 3278-8419
www.altabooks.com.br — altabooks@altabooks.com.br
www.facebook.com/altabooks — www.instagram.com/altabooks

Para Luciana Mancini Bari, a médica mais bonita, querida e competente do Brasil. Para o amigo Albino Castilho, pelo carinho e entusiasmo de sempre. Para minha talentosa e adorada filha, Cristiana Salibi, que me surpreende todos os dias.

—José Salibi Neto

Dedico esta obra a todos os meus amigos professores de gestão que buscam referências práticas, do dia a dia dos negócios, em sua causa de fazer um Brasil melhor.

—Sandro Magaldi

Sumário

Introdução

Três Storytellings, por Adriana Salles Gomes

Era uma vez Mark McCormack, que em 1986 publicou nos Estados Unidos um livro sobre gestão com um título bastante provocativo: *What They Don't Teach at Harvard Business School: Notes from a Street-Smart Executive* ("O Que Eles Não Ensinam na Escola de Negócios de Harvard: Observações práticas de um executivo", em tradução livre). Pioneiro do marketing esportivo, McCormack fazia, naquela ocasião, um novo achado em termos de marketing. Quando começavam as queixas mais conscientes sobre a distância entre o que se aprende nas salas de aula e o que é preciso saber no dia a dia dos escritórios, ele já oferecia uma solução. Ao mesmo tempo, contrastava os conhecimentos obtidos dentro e fora das classes, criando uma oposição entre eles, o que, como nos mostram hoje os especialistas em branding e em neurociência, é um dos melhores modos de criar identificação com o público.

As contribuições de McCormack sobre a prática gerencial que desautoriza e/ou complementa a teoria foram boas. Mas o fato é que, quatro décadas atrás, as faculdades de administração de primeira linha ainda estavam razoavelmente alinhadas com o que as empresas vinham fazendo — ao menos, nos Estados Unidos. Hoje, o desalinhamento aumentou, sobretudo por conta da velocidade das mudanças, sejam tecnológicas ou sociocomportamentais. E os dias atuais nos trouxeram um problema adicional: as empresas disponibilizam muito menos tempo para reeducar os novos contratados sobre a vida real.

(E se tudo isso é verdade na terra do Tio Sam, é preciso multiplicar essa verdade por dois nos domínios do saci-pererê, onde as coisas são menos organizadas por processos e funcionam mais por impulso.)

Aqui termina o primeiro storytelling, protagonizado por McCormack, e começa o segundo, cujos personagens principais são o conhecimento de gestão, José Salibi Neto e Sandro Magaldi.

Já é bastante conhecida a classificação do conhecimento em dois tipos — o explícito e o tácito. Certo? O explícito está processado e formalizado nas salas de aulas, nos livros, nas revistas de negócios e gestão, e não deve ser desprezado nunca, a meu ver. Ele serve de coluna vertebral para tudo que se faz em termos de negócios. No entanto, o conhecimento tácito pode ser tão valioso quanto o explícito — vale lembrar, o conhecimento tácito é o aprendido com a experiência do mundo real e se origina em qualquer lugar que se pense — pode vir de cima, de baixo, dos lados, de fora das fronteiras profissionais de cada um.

Não acredito de modo algum que as escolas de negócios tenham perdido sua valia, como os mais apressados podem entender com o título deste livro, e tampouco creio que seja essa a opinião de Salibi e Magaldi. Simplesmente estamos cobrando das escolas algo que elas não podem entregar — o conhecimento tácito, das pequenas coisas que dão certo no cotidiano e devem ser replicadas, e das coisas que fracassam e têm de ser evitadas. O conhecimento tácito está no trabalho e tem outra pele; ele "é cascudo", diriam alguns, uma casca que só se cultiva com a experiência prática.

O que está acontecendo nesta era digital é que, com a maior velocidade e instabilidade dos acontecimentos, o conhecimento tácito ganhou uma nova importância; ele entrega resultados mais rápidos e assertivos, e diminui (um pouco) a incerteza. Não à toa, cada vez mais empresas recorrem a aplicações de software de gestão do conhecimento para dar conta disso, e também não é por outro motivo que proliferam as redes sociais internas. Apesar desses valiosos esforços, no entanto, muitas vezes o conhecimento tácito é perdido ou desperdiçado pelos profissionais e organizações.

Neste livro, Salibi e Magaldi fazem uma verdadeira ode ao conhecimento tácito, estruturando os aprendizados-chave que ambos acumularam em suas longas, ricas e prósperas carreiras. Eles não compartilham apenas o conteúdo de suas experiências diretas como gestores de empresas, mas o conteúdo de todo um ecossistema, dado o convívio privilegiado que tiveram com uma multidão de executivos das empresas mais diversas e com personagens icônicos da gestão como Peter Drucker, Jim Collins, Jack Welch etc. É mais que um ecossistema; é uma galáxia.

Que garantia podemos ter de que o conhecimento tácito exposto neste livro vai durar o suficiente para gerar impacto, se tantos alertam aos quatro ventos sobre sua efemeridade no mundo atual? Com base na minha experiência de 30 anos nessa área e no meu convívio intenso com as mais tecnológicas startups, vou repetir Magaldi e Salibi quando eles dizem que algumas coisas não mudam nunca, mesmo quando tudo muda. Acredite: é preciso entender isso de uma vez por todas — mesmo em tempos líquidos e pós-modernos.

As sabedorias das páginas a seguir já se mostraram duradouras. Este livro, lançado originalmente com o título *Movidos por Ideias*, passou na prova do tempo e só engrandeceu, agora reescrito, renovado e "disruptado". Por sabedorias, eu me refiro ao paradigma da cumplicidade em vez do da confiança, aos princípios em detrimento de missão/visão/valores, ao garimpo de talento dentre os não talentosos, à desafiadora gestão do ego, à primazia do relacionamento sincero e produtivo, à correlação entre servir clientes e tempo, à combinação de sonho e experiência como fonte de liderança. O que mudou de lá para cá foi a valorização, no campo da liderança, da arte de fazer perguntas transformadoras — e, eu diria, darwinistas. Arrisco dizer que esse conhecimento de Salibi e Magaldi continuará a impactar por muito tempo os desempenhos empresariais e pessoais no Brasil.

Vale a pena finalizar este texto introdutório com um terceiro storytelling, a respeito de insights. Você sabia que foi em um eletrodoméstico visto em uma loja, nos Estados Unidos, e depois em um carro Porsche que passava na rua, que Steve Jobs, o todo-poderoso fundador da Apple, inspirou-se para fazer os designs tão diferenciados de seus computadores Mac?

Na vida, agimos com base em insights em boa parte do tempo — em relacionamentos amorosos, na família com nossos pais e filhos, nos estudos e nas amizades. No trabalho, não é diferente: nossa tomada de decisões costuma começar com insights, bem como nossas soluções gerenciais para os diferentes desafios, da distribuição de recursos à contratação de pessoas.

O conhecimento tácito exposto neste livro não deixa de ser a reunião dos insights de Salibi e Magaldi ao longo de décadas de trabalho e dentro de uma galáxia empresarial. Esses insights dos dois autores têm uma sofisticação compatível com o significado da palavra em inglês — visões interiores — e mais duas belezas particulares: (1) eles "grudam" na nossa cabeça — como o eletrodoméstico e o Porsche "grudaram" em Steve Jobs — e (2) eles são virais, contaminando outras pessoas com facilidade (o leitor tem alguma dúvida de que o visual Apple contagiou o mundo?).

Então, aproveite cada palavra a seguir!*

---

* Adriana Salles é editora-chefe da *MIT Sloan Management Review Brasil* e diretora editorial da revista *HSM Management*, que ajudou a fundar. Tem a sorte grande de conviver muito proximamente com José Salibi Neto e Sandro Magaldi e de poder trocar insights frequentes com os dois sobre o mundo prático dos negócios e da gestão.

O QUE AS ESCOLAS DE NEGÓCIOS *Não* ENSINAM

Insight

#1

A GESTÃO ORIENTADA *por* princípios

O ambiente empresarial testemunhou, nos anos recentes, a valorização da busca de propósito. Os profissionais já não querem apenas ter um local de trabalho que os sustente, como acontecia nas gerações anteriores. Muito além de um relacionamento transacional, eles almejam pertencer a espaços que gerem significado para suas vidas.

Atentas a essa demanda, as organizações e suas lideranças dedicam-se a explicitar seu propósito para deixar clara essa perspectiva a todos os stakeholders — tarefa que, por si só, já seria bastante complexa. Mas um elemento adicional entra em cena, tornando o desafio ainda mais cabuloso: o mundo passa por uma transformação sem paralelo na história recente. O contexto à nossa volta está repleto de inovações e novas formas de fazer negócio, e a evolução tecnológica gerou um incremento na velocidade do ambiente que afeta a tudo e a todos.

Uma das consequências mais evidentes da nova dinâmica é a instabilidade, presente na sociedade e especificamente no ambiente de negócios, e a consequente sensação de insegurança. Empresas desaparecem em questão de anos. Em alguns setores, novas startups tomam o lugar de companhias estabelecidas há mais de século. Comportamentos sedimentados ao longo de gerações são alterados da noite para o dia pelas novas formas de consumir e se relacionar com agentes sociais... Todos esses são sinais concretos de que o enredo do qual somos personagens está sendo escrito e reescrito diariamente.

No mundo inteiro, os líderes empresariais buscam, muitas vezes atônitos, meios de alinhar sua organização ao caótico entorno, levando em consideração a instabilidade e a insegurança geradas pela nova dinâmica. Mas como fazê-lo?

A solução para essa demanda não passa exclusivamente pela tecnologia. Como há uma onipresença tecnológica nas transformações, muitos creem que a tecnologia está no centro delas. Ledo engano! Isso é misturar meio e fim.

As transformações não dizem respeito à tecnologia. As transformações dizem respeito às pessoas. São os indivíduos, suas demandas e seu desejo de protagonismo os grandes vetores de todas as mudanças vividas pela sociedade, e nas organizações isso não é diferente.

A verdadeira solução passa pelo entendimento de como engajar pessoas, de uma maneira legítima e poderosa, em torno do que mencionamos — o propósito comum.

MISSÃO-VISÃO-VALORES

As empresas precisam uma cultura capaz de contaminar a organização inteira com uma visão mais alinhada com os movimentos vividos pelo negócio. É imperativa a construção proativa dos pilares dessa cultura. Requer-se a adoção proativa de uma estratégia que alinhe equipes em torno dos propósitos corporativos, e não apenas isso; com a virtualização e a globalização dos negócios, é preciso alinhá-las também em torno das atividades que não são aceitas ali. Combina-se em detalhe o jogo: quais são nossas práticas abomináveis?

Agora, imagine, leitor: se já é difícil alinhar as pessoas de uma organização em um único local, o que acontece quando há grandes distâncias geográficas, diferenças culturais e relações de poder desiguais, entre outros elementos, no quadro? Não existe, por exemplo, a hipótese de alguém acompanhar pessoalmente os comportamentos para repelir o que for inadequado.

O nível de dificuldade do jogo só faz aumentar. Como criar uma cultura e uma visão de mundo concretas que deem conta desses desafios e envolvam a todos na empresa?

Tradicionalmente, para alinhar as pessoas, as organizações definiam sua missão, visão e valores, lembra-se disso?

O objetivo central era compartilhar crenças e rumos da organização com todo mundo. Assim, todos os profissionais que optavam por atuar na empresa tinham, de antemão, clareza sobre seu perfil e sobre o próprio papel ali dentro, certo?

Na teoria, era assim — e ainda é isso que se ensina na maioria das escolas de negócios —, porém, na vida real...

Observamos, na vida real, que a missão, a visão e os valores da companhia acabam, infelizmente, tendo uma função mais burocrática do que prática — sem conseguirem ser efetivamente incorporados pelos membros da organização. Seus elementos são muito abstratos para a maioria das pessoas, realmente intangíveis, e assim elas não têm uma identificação e se distanciam de seu significado.

Outro aspecto que torna esse arcabouço missão-visão-valores mais frio é o fato de que companhias distintas têm missões muito similares, o que põe em risco a identidade única de cada uma. Analise missões de diferentes organizações em setores diversos e você comprovará essa afirmação. Surpreenda-se com a similaridade dos textos, que muitas vezes contêm até palavras idênticas. É a "comoditização" das missões e visões empresariais.

Causa e consequência, a construção dos pilares culturais que alinhariam todo mundo para atuar no contexto instável e inseguro deixa a desejar.

Ninguém nega a importância do correto desenvolvimento e entendimento do credo de uma empresa, porém o que aprendemos no dia a dia dos negócios é que isso não basta. É necessário que as organizações criem um mecanismo complementar que tire toda e qualquer dúvida dos integrantes sobre três aspectos:

- → Qual é seu papel na organização.
- → O que não é tolerável naquele ambiente.
- → Quais são as normas de conduta fundamentais.

Sobretudo em um ambiente com excesso de informações e estímulos, é primordial desenvolver um mecanismo complementar que traduza a visão de mundo de uma organização para todos os stakeholders.

E é aí que entra a nosso primeiro insight não ensinado nas escolas de negócios.

OS PRINCÍPIOS ORGANIZACIONAIS E DEMING COMO MODELO

Os princípios de uma empresa, definidos de modo claro e transparente, devem funcionar como uma bússola. Eles têm de ajudar os profissionais a percorrer seu caminho na organização.

Mostram como funcionam a missão, a visão e os valores da empresa na prática e, à medida que o fazem, complementam essas crenças à perfeição. Na essência, a declaração dos princípios de uma organização traduz sua cultura de forma inequívoca, detalhada e à prova de dúvidas.

A consciência sobre os princípios e sua relevância não é recente no ambiente empresarial. Em seu livro sobre as ideias que ajudaram a construir a IBM (*A Business and Its Beliefs: The ideas that helped build IBM* — "Um Negócio e Suas Crenças: As ideias que ajudaram a construir a IBM", em tradução livre), lançado em 1963, Thomas J. Watson Jr., filho do fundador da IBM e um de seus presidentes, já citava a importância dos princípios para o crescimento da companhia.

Em uma passagem da obra, Watson afirma acreditar que para sobreviver e alcançar sucesso qualquer organização deve ter um sólido conjunto de princípios sobre o qual fundamenta os seus planos de ações. Sua fé nessa prática era tão forte que atribuía aos Princípios IBM a maior parte do êxito da empresa.

O que dizemos é: cada empresa tem de elaborar sua lista de princípios organizacionais.

O que pode ser nossa referência na hora de fazê-lo em um ambiente instável e inseguro como o atual?

Voltemos ao início da década de 1950 para encontrar o norte-americano W. Edward Deming, célebre por ter implementado, no Japão, um projeto cuja influência se sente até hoje no mundo gerencial.

Deming desenvolveu os fundamentos que originaram os programas de qualidade total, cujo primeiro resultado foi a recuperação econômica japonesa no pós-guerra e o surgimento de companhias exemplares que se tornaram robustas e relevantes — como a Toyota.

Posteriormente esse pensamento popularizou-se também no Ocidente e ganhou relevância mundial.

A essência dessa filosofia de Deming está resumida em um documento de sua autoria, denominado "14 Princípios". Nesse pensamento já se delineia um padrão importante de diferenciação em relação à construção dos modelos de missão, visão e valores tradicionais.

Note o leitor que as instruções são absolutamente pontuais, orientadas a processos e comportamentos específicos. Permitem perceber com clareza a postura requerida dos que optarem por seguir essa filosofia, além de delimitarem sua abrangência.

14 PRINCÍPIOS DE DEMING

1	Estabeleça constância de propósitos para a melhoria do produto e do serviço, objetivando tornar-se competitivo e manter-se em atividade, bem como criar empregos.
2	Adote a nova filosofia. Estamos numa nova era econômica. A administração ocidental deve acordar para o desafio, conscientizar-se de suas responsabilidades e assumir a liderança no processo de transformação.
3	Deixe de depender da inspeção para atingir a qualidade. Elimine a necessidade de inspeção em massa, introduzindo a qualidade no produto desde seu primeiro estágio.

continua

continuação

4	Cesse a prática de aprovar orçamentos com base no preço. Em vez disso, minimize o custo total. Desenvolva um único fornecedor para cada item, num relacionamento de longo prazo fundamentado na lealdade e na confiança.
5	Melhore constantemente o sistema de produção e de prestação de serviços, de modo a melhorar a qualidade e a produtividade e, consequentemente, reduzir de forma sistemática os custos.
6	Institua treinamento no local de trabalho.
7	Institua liderança. O objetivo da chefia deve ser o de ajudar as pessoas e as máquinas e dispositivos a executarem um trabalho melhor. A chefia administrativa está necessitando de uma revisão geral, tanto quanto a chefia dos trabalhadores de produção.
8	Elimine o medo, de tal forma que todos trabalhem de modo eficaz para a empresa.
9	Elimine as barreiras entre os departamentos. As pessoas engajadas em pesquisas, projetos, vendas e produção devem trabalhar em equipe, de modo a preverem problemas de produção e de utilização do produto ou serviço.
10	Elimine lemas, exortações e metas para a mão de obra que exijam nível zero de falhas e estabeleçam novos níveis produtividade. Tais exortações apenas geram inimizades, visto que o grosso das causas da baixa qualidade e da baixa produtividade encontram-se no sistema, estando, portanto, fora do alcance dos trabalhadores.
11	Elimine padrões de trabalho (cotas) na linha de produção. Substitua-os pela liderança; elimine o processo de administração por objetivos. Elimine o processo de administração por cifras, por objetivos numéricos. Substitua-os pela administração por processos através do exemplo de líderes.
12	Remova as barreiras que privam o operário horista de seu direito de orgulhar-se de seu desempenho. A responsabilidade dos chefes deve ser mudada de números absolutos para a qualidade; remova as barreiras que privam as pessoas da administração e da engenharia de seu direito de orgulharem-se de seu desempenho. Isto significa a abolição da avaliação anual de desempenho ou de mérito, bem como da administração por objetivos.
13	Institua um forte programa de educação e autodesenvolvimento.
14	Engaje todos da empresa no processo de realizar a transformação. A transformação é de competência de todos.

"Esses princípios são surpreendentemente contemporâneos", deve estar pensando o leitor.

Sim, são, mas seu conteúdo nem é a questão a ressaltar aqui. O importante é a forma. Toda empresa, independente de seu porte ou setor, tem de formatar sua lista de princípios básicos, que traduzam suas declarações de missão, visão e valores na prática e os disseminem entre seu pessoal, a fim de se tornar uma organização orientada por princípios. Isso, e só isso, é o que lhe pode dar o alinhamento necessário em um cenário de profundas transformações.

FORMATOS: TOYOTA

E como elaborar uma lista de princípios? Mesmo estando convencido da relevância dos princípios, você pode se questionar sobre os passos para a construção de um documento como esse.

Não tem receita de bolo. Analisando as referências existentes, podemos afirmar que não existe um formato único, consolidado e unânime a seguir nesse caso.

Como a melhor forma de aprender, em nossa opinião, é aliar a base teórica disponível à prática cotidiana, podemos buscar essa resposta juntos, aqui, observando casos bem-sucedidos.

Comecemos pelo caso da já citada Toyota.

Sob a influência de Deming e de todas as práticas do campo da qualidade total, a companhia desenvolveu os "14 Princípios Toyota", que se caracterizam como uma forma de levar para a área de produção a filosofia Toyota, sua cultura organizacional, alinhando todos os envolvidos na organização, da alta cúpula ao chão de fábrica.

Para promover a melhor absorção das informações pelos colaboradores, a Toyota dividiu seus princípios em quatro grandes áreas: Filosofia de longo prazo; Processos; Desenvolvimento de pessoas e Resolução de problemas.

14 PRINCÍPIOS TOYOTA

SEÇÃO 1

FILOSOFIA DE LONGO PRAZO

Baseie suas decisões gerenciais em uma filosofia de longo prazo, mesmo prejudicando as metas financeiras de curto prazo.

SEÇÃO 2

O PROCESSO CORRETO PRODUZIRÁ OS RESULTADOS CORRETOS

1. Crie um FLUXO de processo contínuo para evidenciar os problemas.
2. Use sistemas de pesquisa de DEMANDA para evitar o excesso de produção.
3. Nivele a carga de trabalho (heijunka). Trabalhe como a tartaruga e não como a lebre.
4. Construa uma cultura de parar para corrigir problemas e para ter qualidade na primeira vez.
5. Tarefas e processos padronizados são a fundação para a melhoria constante e para o fortalecimento dos colaboradores.
6. Use controles visuais, assim nenhum problema ficará escondido.
7. Utilize apenas tecnologias confiáveis, totalmente testadas e que sirvam às pessoas e aos processos.

SEÇÃO 3

ACRESCENTE VALOR À SUA ORGANIZAÇÃO DESENVOLVENDO SEU PESSOAL

1. Crie líderes que compreendam o processo completamente, vivam a filosofia e a ensinem aos outros.
2. Desenvolva pessoas e equipes excepcionais e que sigam a filosofia da empresa.
3. Respeite os parceiros e fornecedores desafiando-os e auxiliando-os a melhorarem.

SEÇÃO 4

RESOLVER OS PROBLEMAS EM SUA ORIGEM, E CONTINUAMENTE, LEVA A ORGANIZAÇÃO AO APRENDIZADO

1. Vá e veja por si para compreender totalmente a situação (genchi genbutsu).
2. Tome decisões lentamente e por consenso, depois de considerar todas as opções; implemente as decisões rapidamente (nemawashi).
3. Devemos fazer da empresa uma organização que aprende com a reflexão incansável (hansei) e com a melhoria contínua (kaizen).

Perceba que a definição dos princípios da Toyota tem uma característica filosófica, mas, ao mesmo tempo, é totalmente funcional. É evidente o foco na ação prática, no caso, com a forte relação com atividades operacionais. Alguns dos princípios, inclusive, apresentam instruções claras para as atitudes que todos os profissionais da organização devem tomar, em especial os princípios orientados a processo e a resolução de problemas (podemos tomar como exemplo os princípios 12 e 13, que são uma marca registrada da companhia).

Em 2010, nos Estados Unidos, um escândalo abalou as estruturas da companhia, colocando à prova seus princípios. A empresa admitiu publicamente que iludiu consumidores norte-americanos ao omitir informações sobre dois problemas de segurança que atingiram a produção de cerca de 10 milhões de carros. O caso ganhou notoriedade com um acidente na Califórnia ocorrido com um modelo Lexus que causou a morte de uma família — pelo aceleramento repentino e incontrolável do automóvel.

Além da desconfiança de consumidores e da redução das vendas de seus produtos, a companhia foi penalizada com a aplicação de multas recordes aplicadas pelos órgãos de segurança dos Estados Unidos, processo que se encerrou em 2013 com o pagamento de US$1,2 bilhão pela montadora japonesa para o Departamento de Justiça daquele país.

Afinal, o que aconteceu? Os princípios declarados pela organização perderam sua validade no século XXI? Tornaram-se irrelevantes?

A resposta é um sonoro não. Ao contrário, os princípios são cada vez mais importantes. De acordo com as investigações posteriores, os problemas que aconteceram no Lexus tiveram como origem justamente o fato de a companhia ter deixado de ser fiel aos princípios que nortearam sua evolução histórica — por pressões de mercado —, princípios esses que foram responsáveis pela criação de um novo padrão de operações na indústria automobilística mundial.

A partir dessa ocorrência, o que a companhia tratou de fazer foi um resgate de seus princípios, a fim de garantir o retorno ao essencial e evidenciar o caminho a ser seguido por todos. A Toyota relembrou a lição: além de transmitir a cultura para todos de uma maneira tangível, os princípios não deixam margem para interpretações na hora de tomar decisões.

Com a Toyota aprendemos uma diferença básica entre a construção dos princípios de uma organização em relação a declarações de missão, visão e valores. Princípios devem basear-se em definições específicas, buscando restringir ao máximo a possibilidade de interpretações subjetivas. Enquanto missão e visão têm uma orientação muito mais focada em inspirar os profissionais mostrando as perspectivas e crenças corporativas, os princípios devem orientá-los para essa caminhada, divulgando os procedimentos necessários para que cumpram com a missão, a visão e os valores.

Com a Toyota também aprendemos que a importância dos princípios precisa ser reiterada a todo momento pelos líderes de uma companhia. Mais do que isso, na verdade: o alinhamento comportamental do principal líder da companhia com os princípios é fundamental para que estes realmente sirvam de norte a todos os colaboradores.

FORMATOS: AMAZON

Um dos principais líderes da atualidade é Jeff Bezos, fundador da Amazon, segunda organização do mundo a chegar a um valor de mercado na casa do US$1 trilhão (dados de 2018).

Desde o início do negócio, Bezos se dedicou a disseminar, de forma clara e transparente, a cultura desejada para sua organização.

Uma das ferramentas utilizadas pelo empresário para atingir esse objetivo são 14 regras que a empresa define como seus "Princípios de Liderança".

PRINCÍPIOS DE LIDERANÇA — AMAZON

1	Obsessão pelo cliente.
2	Senso de propriedade » Líderes se sentem proprietários do negócio, agem como donos. Eles pensam longe e não sacrificam os valores de longo prazo em favor de resultados de curto prazo.
3	Inventar e simplificar.
4	Estar certo (quase certo).
5	Contratar e desenvolver os melhores.
6	Insistir nos mais altos padrões » Líderes têm padrões inexoravelmente elevados — muitos podem achá-los injustificadamente altos.
7	Pensar grande » Pensar pequeno é uma profecia autorrealizável.
8	Disposição para agir » Nós valorizamos a tomada consciente de riscos.
9	Frugalidade » Realizar mais com menos. Limitações geram engenhosidade, autossuficiência e inventividade.
10	Aprender e ser curioso » Líderes nunca param de aprender.
11	Conquistar confiança.
12	Mergulhar fundo.
13	Ter fibra — discordar e assumir compromissos » Líderes são obrigados a, respeitosamente, contestar decisões das quais discordam, mesmo que isso seja desconfortável ou exaustivo. Não fazem concessões em nome da coesão social.
14	Apresentar resultados.

Feche os olhos por um momento, leitor.

Em alguns dos princípios da Amazon, parece que podemos ouvir as palavras saindo da própria boca de Bezos, não?

Esse é um bom teste de uma definição clara de cultura organizacional explicitada de forma inequívoca. A voz de Bezos ecoa facilmente quando a lista trata de temas como a obsessão pelo cliente, o foco em ações de longo prazo, o compromisso com a inovação constante, a prática espartana de gestão dos custos (fazer mais com menos), a valorização da realização e da superação das metas, o alto nível de exigência quanto ao desempenho de seus líderes e assim por diante.

É verdade que alguns desses traços geram polêmicas e eternas discussões a respeito do ambiente de trabalho da organização, suas vantagens e desvantagens. A evolução do negócio, no entanto, mostra que essa cultura tem sido bem-sucedida e é uma das responsáveis pela evolução vertiginosa da companhia nos últimos anos.

Além do valor de mercado da empresa, o crescimento da sua base de colaboradores é impressionante e não guarda paralelo histórico com nenhuma outra companhia do planeta. Em 2008, a organização empregava 20 mil funcionários; em 2012 passou para 81 mil e em 2017 chegou à impressionante cifra dos 550 mil empregos (em julho de 2018, os relatórios divulgados pela empresa já apontam um universo de mais de 580 mil colaboradores no mundo). Esse montante é o quádruplo do quadro de funcionários da Microsoft, para se ter uma ideia. Maior ainda que a soma dos empregados da Alphabet (holding do Google), Apple, Intel, Oracle, Facebook e Microsoft, algumas das maiores organizações da atualidade.

Como garantir que esse exército de gente percorra o mesmo caminho e entenda o que é requerido na organização? Os princípios dão uma contribuição fundamental para isso.

Imagine o volume de decisões que devem ser tomadas pelos colaboradores a cada momento, em todas as frentes de negócios espalhados por todo planeta? É inexequível que, a cada decisão tomada, esses colaboradores consultem seus superiores hierárquicos. Os princípios apontam o caminho e norteiam esse processo.

FORMATOS: AB INBEV

Os princípios devem incluir uma orientação explícita sobre a tomada de decisões. Como representa a posição oficial da corporação, chancelada pelos executivos da alta gestão, o documento que os contem deve conseguir oferecer autonomia para que os colaboradores decidam com agilidade. Ato contínuo, diminuem as relações de dependência na cadeia hierárquica e desenvolvem (fortalecem) mais líderes e com maior autonomia de voo.

Nesse sentido, um exemplo que não poderia faltar em qualquer material que trata do tema princípios no Brasil é o da AB InBev.

Desde a origem do negócio, essa gigante das bebidas sempre se baseou em princípios. Inicialmente eram 18, mas depois foram concentrados em 10, com vistas a facilitar o processo de comunicação. Como no caso da Toyota, foram divididos em categorias. No caso da AB InBev, em Sonho, Gente e Cultura.

10 PRINCÍPIOS AB INBEV

	SONHO
1	O sonho da AB InBev motiva seus funcionários a trabalhar juntos com um único objetivo: ser a melhor cervejaria do mundo em um mundo melhor. - Ser a melhor é o que move a gente AB InBev. - A AB InBev é do tamanho de seu sonho. - O sonho é desafiador, factível e tem consequências para todos. - O sonho deve ser atingido de forma responsável.
	GENTE
2	Pessoas excelentes, com liberdade para crescer em velocidades condizentes com seus talentos e recompensadas adequadamente, são os ativos mais valiosos da Companhia. - Gente excelente é fundamental. - Gente excelente atrai mais gente excelente. - Líderes mantêm os caminhos livres. - Gente excelente gosta de meritocracia, informalidade e sinceridade.

continua

3	Na AB InBev, os líderes devem selecionar pessoas com potencial para serem melhores que eles. Os líderes são avaliados pela qualidade de suas equipes. - A AB InBev contrata e seleciona pessoas com potencial para serem melhores que seus contratadores. - Líderes precisam ter tempo para garantir que seu time esteja engajado. - A AB InBev proporciona experiências desafiadoras para ajudar a desenvolver sua gente.
	CULTURA
4	A AB InBev nunca está completamente satisfeita com seus resultados. Foco e tolerância zero ajudam a garantir uma vantagem competitiva duradoura. - O que importa são os resultados sustentáveis. - A AB InBev foca o que realmente interessa, o que traz resultado. - Meios são importantes, mas sem resultados não significam nada. - A AB InBev copia coisas que outras pessoas fazem bem. - A AB InBev celebra suas vitórias, mas imediatamente busca novos desafios.
5	O consumidor é o patrão. O relacionamento da AB InBev com os consumidores se dá por meio de experiências significativas de suas marcas, unindo tradição e inovação, sempre de forma responsável. - Consumidores e marcas são o foco da AB InBev. - Conhecer o consumidor AB InBev é a chave para o sucesso. - Tradição é importante para o compromisso da AB InBev com os consumidores. - A AB InBev é embaixadora de seus produtos.
6	A AB InBev é uma companhia de donos. E donos assumem resultados pessoalmente. - A AB InBev é formada por donos e isso se reflete em suas decisões. - Donos da companhia aceitam responsabilidades e vivem as consequências de suas decisões. - A AB InBev constrói seu negócio todos os dias. - Donos assumem resultados e desafios pessoalmente.
7	A AB InBev acredita que bom senso e simplicidade orientam melhor que sofisticação e complexidade. - Bom senso e simplicidade conduzem a um melhor julgamento. - O que a AB InBev faz é resultado do que a AB InBev fala. - As decisões da AB InBev são baseadas em fatos e dados. - A AB InBev mantém transparência e clareza no que faz. - A AB InBev é disciplinada na forma como executa e monitora seus resultados.

8	A AB InBev gerencia seus custos rigorosamente de modo a liberar mais recursos para suportar seu crescimento no mercado. - A AB InBev controla seus custos, sempre buscando oportunidades. - Empresas "enxutas" não apenas têm mais chance de sobreviver em tempos difíceis, como também prosperam mais do que as outras nos bons momentos. - A AB InBev usa o "dinheiro que não gera valor para a companhia" para investir naquilo que gera valor e dá apoio a seu crescimento no mercado — coisas que os consumidores veem, tocam e bebem, e aquilo pelo qual eles estão dispostos a pagar mais.
9	Liderança pelo exemplo pessoal é o melhor guia para a Cultura AB InBev. A Companhia faz o que fala. - Exemplo pessoal, atitudes e comportamento são muito mais poderosos do que palavras. - A gente AB InBev vive seu trabalho todo dia com paixão e senso de urgência. - Liderança é a chave para apresentar resultados, junto com a equipe, fazendo as coisas da maneira correta. - Líderes vão aonde as "coisas acontecem". O gerenciamento é feito, sempre que possível, a partir de onde se deve estar: no campo.
10	A AB InBev não recorre a espertezas. Integridade, trabalho duro e consistência são a chave para construir a companhia. - Adotar os mais elevados padrões de integridade na condução do negócio sempre valerá a pena. - A AB InBev não usa "atalhos", malandragens e espertezas. - A segurança da gente AB InBev, a qualidade dos produtos AB InBev e a singularidade da experiência do consumidor AB InBev nunca podem ser comprometidas.

A AB InBev (e, antes dela, a Brahma) utiliza-se desse mecanismo para alinhar as pessoas e dar apoio ao processo de tomada de decisões. Não é à toa que uma das principais características da cultura da companhia é seu alto nível de autonomia na ponta que, como consequência, gera uma corporação muito ágil. O modelo foi tão vitorioso que tem sido exportado para os países onde a matriz da companhia opera — esta conta com seus dez princípios similares aos da AB InBev, porém em uma linguagem própria.

Queremos observar, no entanto, que, nos últimos anos, a AB InBev se deparou com um paradoxo típico de um ambiente em transformação. Embora os princípios fortes reflitam de fato a cultura da empresa, essa solidez pode colocar em risco a organização contribuindo para tornar sua cultura inflexível.

O contexto presente demanda uma cultura de inovação que tem entre seus atributos a abertura maior ao mercado e o desafio ao *status quo* — já que as soluções demandadas agora têm uma natureza muito distinta das do passado. E a inovação não aparece nos princípios AB InBev.

A nova perspectiva da economia traz a pressão pela revisão da cultura organizacional rumo a um modelo mais alinhado com o ambiente atual. E os princípios podem ter um papel fundamental nessa transformação, à medida que são uma ferramenta de comunicação bastante assertiva.

O que aprendemos com a AB InBev é que os princípios organizacionais devem ser revisados continuamente para certificar-se de que enviam a mensagem e a tradução corretas da cultura almejada.

O leitor deve ter em mente que os princípios são a tradução da cultura de uma organização e não a cultura em si. Dessa forma, eles podem mudar para acompanhar as mudanças do sistema.

Além disso, como princípios materializam o sistema de crenças da organização, eles precisam ser legítimos, e só o serão quando acompanharem a realidade da empresa.

Se houver um descolamento entre os princípios e as práticas da companhia, qualquer documento do gênero apenas será um listão de intenções sem lastro, e o resultado é fácil de prever: descrença generalizada e nenhum engajamento.

INTANGÍVEL MATERIALIZADO

Quantos princípios precisa haver? O número 14, por influência de Deming, é quase cabalístico nessa seara, mas não um número ideal. O benchmarking manda que fiquem entre 10 e 20.

E como eles devem ser elaborados? Nos casos apresentados, salta aos olhos o que não pode faltar no processo:

1. Para materializar a intangível cultura organizacional da empresa, os princípios devem representar a essência dessa cultura em bases práticas, seja permeada integralmente pela filosofia-mestra da corporação (como se nota principalmente nos casos Amazon e AB InBev), seja priorizando processos, pessoas, solução de problemas e aprendizado (Toyota).

2. Como constituem influência poderosa sobre o processo decisório, os princípios podem incluir parâmetros a esse respeito que sirvam para todos os colaboradores da companhia (como se vê no modelo AB InBev).

3. Os princípios devem ser fonte de inspiração para que todos sonhem o mesmo sonho juntos.

4. Os princípios devem ser revisados periodicamente para validar sua coerência com as crenças da organização naquele momento do tempo.

Uma fonte particularmente forte de inspiração em princípios, e nada convencional, vem de fora do mundo corporativo: é a Pastoral da Criança, idealizada pela saudosa e iluminada Zilda Arns, que oferece inúmeras lições para todos os gestores e líderes empresariais.

Essa brasileira exemplar, que nos deixou subitamente no início de 2010, vítima do terremoto no Haiti, construiu o que se tornou uma referência social mundial, por ter gerado resultados extraordinários — e mensuráveis:

- → No começo da década de 1980, quando o projeto se iniciou, o índice de mortalidade infantil no Brasil era de 82 mortos por 1.000 nascidos; por meio da ação da Pastoral esse número foi reduzido para 23, sendo que nas áreas de atuação direta da obra ele chega a 13 por 1.000.
- → Mais de 260 mil voluntários atendem hoje a 1,2 milhão de famílias em 20 países do mundo, sendo que mais de 1,6 milhão de crianças já receberam auxílio dessa iniciativa.

Dois fatores relacionados ao tema deste capítulo chamam a atenção no projeto de Zilda Arns:

1. Como foi mobilizado, adequadamente, o exército de voluntários que o tocam.
2. Como foi estruturada essa obra social.

A história começa assim: Zilda Arns acreditava que a ação da Pastoral deveria ser multiplicada e atingir todas as crianças carentes dos países onde a entidade atua. Para isso, precisava atrair um corpo de voluntários que se dedicaria a "multiplicar" os ensinamentos, fazendo-os chegar às famílias atendidas. O desafio era como atingir essa ambiciosa meta.

Zilda se dedicou a construir uma mensagem simples de ser transmitida por esses voluntários (inicialmente baseada na importância do soro caseiro e depois na multimistura de alimentos), facilitando a comunicação, e, para tanto, desenvolveu o "Guia do Líder" da Pastoral.

O guia contém os princípios-chave da obra assistencial, pois apresenta os procedimentos necessários ao atendimento das famílias participantes do projeto e inclui orientações para os líderes quanto a comportamentos e atitudes requeridos. Com isso, alinhou todos os esforços em torno de um ponto de vista único, além de gerar uma informação estruturada sobre a correta execução dos procedimentos adotados. Registra a filosofia da organização e os processos, igualzinho aos princípios da Toyota que traduzem missão, visão e valores. Como resultado, consegue-se a abrangência almejada, aliada a uma execução impecável.

Chama a atenção também o fato de a organização da Pastoral da Criança ser baseada em um sistema de informações que reúne os dados provenientes de toda e qualquer visita realizada por qualquer voluntário em qualquer lugar do mundo. Essas informações são indispensáveis para o acompanhamento da evolução da ação da Pastoral e têm relação direta com os princípios deste nosso primeiro insight. Sabe por quê? Zilda Arns desenvolveu toda a estrutura da Pastoral baseando-se em um princípio religioso: o Evangelho de São João.

Na Bíblia, o Evangelho de São João é o quarto, tendo sido, cronologicamente, o último a ser escrito. Sua autoria é atribuída ao apóstolo João e uma de suas características marcantes é o uso de símbolos. Zilda Arns afirmava que o conceito da multiplicação das informações necessárias à ação da Pastoral foi inspirado no milagre da multiplicação que permitiu a Jesus alimentar, com dois peixes e cinco pães, mais de 5 mil pessoas. Nesse paralelo de simbolismos, o pão e o peixe correspondem, por exemplo, às informações multiplicadas pela fé e pela solidariedade.

O corpo de voluntários da Pastoral se dedica a ensinar as famílias atendidas a sobreviver de modo independente, em vez de lhes oferecer os insumos para a sobrevivência — ou seja, ensinam a pescar em vez de lhes dar o peixe. Sua ação se baseia na orientação de Jesus aos discípulos em relação à multidão faminta, citada em vários evangelhos: "Dai-lhes, vós mesmos, de comer."

Em outras palavras, quando disseminam o conhecimento das práticas necessárias para reduzir a mortalidade infantil (os princípios), os voluntários da Pastoral promovem a autonomia (o empowerment, no jargão gerencial) das famílias carentes para que cuidem de suas crianças.

ROMANTISMO? OU MAIS REALISMO AINDA?

Reunimos aqui apenas algumas referências em relação aos princípios que podem passar despercebidas nos currículos universitários. Se você achou que a visão de Zilda Arns, baseada nos princípios apresentados no Evangelho de São João, é romântica ou utópica demais, olhe para os resultados gerados pela Pastoral da Criança. Zilda Arns, seguramente, deixou um legado que a transformará em um dos principais personagens de nosso país.

Nós garantimos: o caso de Arns é bem menos fora do contexto do que parece em um primeiro momento. Embora a moeda de troca utilizada para a atração dos colaboradores na Pastoral da Criança seja distinta da utilizada pelas corporações clássicas, é importante o insight de que as pessoas, todas elas, são dirigidas e motivadas sobretudo por realizações e sonhos.

Na verdade, a atual procura dos indivíduos por organizações que sejam espaços de geração de significados em que possam realizar suas aspirações pessoais torna o exemplo da Pastoral da Criança ainda mais inspirador para as empresas.

A ascensão dos princípios corporativos faz com que as organizações sejam cada vez mais cobradas por comunicar aquilo que são e no que acreditam. Nada melhor do que um documento que apresente sem sombra de dúvidas sua essência e visão do mundo, alinhando a visão da empresa com a de seus colaboradores. Um documento que concretize, de maneira prática e valiosa, aquilo que é valorizado naquela cultura e aquilo que não é tolerado. Um documento que, mais do que inspirar a todos, mostre os caminhos daquela jornada empresarial.

Talvez as escolas de negócios não tratem muito disso, mas certamente os princípios já têm impulsionado conquistas grandiosas em muitas organizações e vão fazê-lo cada vez mais.

Nada melhor do que um documento que apresente sem sombra de dúvidas a essência e a visão do mundo da empresa, alinhando sua visão com a de seus colaboradores. Um documento que concretize, de maneira prática e valiosa, aquilo que é valorizado naquela cultura e aquilo que não é tolerado. Um documento que, mais do que inspirar a todos, mostre os caminhos daquela jornada empresarial.

EXPERIÊNCIA EXPANDIDA

Guilherme Soárez, CEO da HSM, explora a cultura organizacional e sua relação com os princípios

OS PRINCÍPIOS ORGANIZACIONAIS:

* **Mobilizam** e **inspiram** todos os colaboradores na mesma direção.
* **Simbolizam** a voz do principal líder da companhia.
* **Representam** a essência da cultura da organização de forma prática.
* **Orientam** a tomada de decisão dos executivos da organização.

- O que não é tolerável naquele ambiente?
- Quais são as normas de conduta fundamentais?
- Qual é o papel de cada colaborador na organização?

SEU MODELO DEVE:

- Ser revisado periodicamente.
- É necessário que todos os seus tópicos sejam legítimos, verdadeiros.
- Basear-se em definições específicas e claras.

REFERÊNCIA DE PRINCÍPIOS

- "14 Princípios Toyota"
- "10 Princípios AB InBev"
- "14 Princípios de Deming"
- "Princípios de Liderança da Amazon"
- "Guia do Líder" da Pastoral da Criança"

Insight #2

A ARTE *de fazer* PERGUNTAS **transformadoras**

Se tivesse uma hora para resolver um problema, e sua vida dependesse dessa solução, o que você faria?

Permita-nos dizer o que o físico Albert Einstein, dono de um dos mais elevados quocientes de inteligência de que se tem notícia (160, enquanto a média dos mortais registra 100), respondeu. "Eu gastaria os primeiros 55 minutos determinando a pergunta adequada a ser feita. Assim que eu soubesse a pergunta certa, poderia resolver o problema em menos de cinco minutos", declarou ele certa vez.

Se dissesse isso dois séculos antes, Einstein seria aplaudido em pé pelo filósofo iluminista conhecido pelo pseudônimo de Voltaire, segundo o qual devemos julgar um homem pelas perguntas que faz e não pelas respostas que dá.

Se vivesse dois milênios antes, contaria com o apoio incondicional do filósofo grego Sócrates, que propunha a descoberta das verdades por meio de uma sequência de perguntas — método conhecido como "maiêutica".

Esses três luminares de nossa civilização conferiam grande importância às perguntas, como se percebe. Mas é preciso reconhecer que os três atuavam no campo das ciências — seja da natureza, seja humanas —, não no nosso mundo do dia a dia. O meio dos negócios talvez nunca tenha desenvolvido o mesmo hábito de usar ponto de interrogação de maneira estratégica. O executivo típico sempre resumiu perguntas a meras trocas de informações, com honrosas exceções.

Como se explica isso?

Para começar, não fazemos boas perguntas, porque estamos sempre focados nas respostas — somos famintos por respostas melhores. A neurociência também tem uma explicação: o ser humano prefere viver em piloto automático, para economizar energia mental. O ambiente das organizações também é pouco propício às perguntas; as pessoas nunca têm tempo a "perder", e o espaço geralmente não convida a isso. Mesmo quando convida, em lounges com sofás onde as pessoas podem fazer uma pausa, é frequente elas não saberem escutar — elas até ouvem o outro, mas escutar é bem diferente. Por fim, desde os anos 1990, há uma verdadeira obsessão por execução — por agir, sair fazendo, e não por pensar. É engraçado isso, inclusive, porque o "pai da execução", Ram Charan, valoriza muito as perguntas, inclusive por seu poder de garantir a execução.

Vem de um especialista em economia comportamental mais uma explicação bem razoável para os gestores serem tão refratários a perguntas. Dan Ariely diz que, quando contratamos um consultor em nossas empresas, esperamos receber dele respostas e não uma lista de experimentos a conduzir. Damos mais valor às respostas do que às perguntas, pois respostas permitem que entremos em ação, enquanto perguntas significam que teremos que continuar pensando. Não queremos saber se lançar boas perguntas e colher evidências nos levará a respostas melhores; temos pressa. O pobre do consultor que chegar com perguntas nunca mais é contratado.

Só que novos ventos estão soprando. Primeiro, talvez, porque um dos maiores nomes do pensamento do management das últimas décadas, Jim Collins, constantemente apregoa o benefício das perguntas e deve estar educando o mercado de cima para baixo, já que atende às maiores empresas do mundo. Jim enche os CEOs de perguntas, e eles se dobram e o contratam novamente. Desconfiamos também que esse movimento a favor do ponto de interrogação tem muito a ver com o que disse Erik Brynjolfsson, do Massachusetts Institute of Technology (MIT), em entrevista à revista Veja: "Computadores são ótimos para encontrar respostas, mas não são capazes de desenvolver perguntas. Essa habilidade parece ser altamente humana e tem alto valor. Em tempos de quarta revolução industrial, quando as máquinas começam a substituir os homens em muitos trabalhos rotineiros, fazer perguntas torna-se mais importante." Perguntar passa a ser uma vantagem competitiva humana na indústria 4.0.

Desde a velha economia, as boas empresas nascem com perguntas. Walt Disney, por exemplo, pariu a sua ao perguntar-se: "E se os pais pudessem brincar junto com os filhos, em vez de deixá-los num parque e ir buscá-los depois?" Os filmes infantis da Disney que tanto encantam os adultos ainda bebem nessa pergunta, décadas depois. Mas, na nova economia, a relevância das perguntas parece aumentar. Como explica o especialista em empreendedorismo e ex-evangelista da Apple, Guy Kawasaki, os empreendedores dizem: "Não seria *cool* se a gente tivesse tal coisa?" E vão em frente.

Em 2008, Travis Kalanick e Garrett Camp estavam em uma conferência de web em Paris, na rua, sob chuva forte e sem conseguir pegar um táxi. Inspirado talvez pelo perfume das castanheiras da Champs-Elysées, Kalanick se perguntou: "Não seria *cool* se a gente tivesse um carro para chamar por um aplicativo de celular, sem depender tanto do táxi?" Camp também já se fazia uma pergunta parecida em San Francisco, Califórnia: "Não seria *cool* ter um táxi que parecesse ser um motorista particular, dentro do qual eu me sentisse um milionário?"

O Airbnb, tal e qual, é filho de uma pergunta também. Um belo dia, três jovens designers se viram sem dinheiro para pagar o imóvel que alugavam em San Francisco (de novo, San Francisco). Ao mesmo tempo, estava para acontecer um evento concorrido nessa inspiradora cidade californiana, e havia grande demanda de espaços para pernoite. O que eles fizeram foi juntar a fome com a vontade de comer. Alugaram um dos quartos da sua residência a um dos participantes do evento, que topou dormir improvisadamente em um colchão inflável. Pagaram as contas e tiveram uma ideia de unicórnio: "Não seria *cool* se todo mundo pudesse ficar em uma casa e pagar um aluguel de curta duração?", perguntaram-se.

Einstein garantiu que a boa pergunta corresponde a 90% do trabalho. Kawasaki é um pouco mais conservador: sua estimativa é a de que seja 50% do trabalho. Mas os dois concordam na extrema importância da pergunta certa para encontrar soluções, seja criando uma empresa, um projeto, um produto ou um serviço.

Demos exemplos internacionais, aparentemente distantes, porém, ao fazer um balanço atento em nossas carreiras, nós nos demos conta de que os dois sentimos isso diretamente na pele. O cliente mais perguntador sempre era mais bem-sucedido como cliente. O fornecedor mais perguntador — idem. Nossos funcionários perguntadores invariavelmente se destacavam dos outros. Um de nós, Sandro Magaldi, conviveu com uma multidão de empreendedores quando estava à frente do meuSucesso.com e é testemunha da força das perguntas entre empreendedores brasileiros.

É interessante notar, inclusive, que os empreendedores das duas primeiras empresas a ingressarem na casa do trilhão de dólares de valor de mercado, as norte-americanas Apple e Amazon, têm uma relação bastante estreita com a prática de questionar. Sobre Steve Jobs falaremos mais adiante, mas em relação a Jeff Bezos adiantamos seu "método do ponto de interrogação". Como conta Brad Stone no livro *A Loja de Tudo — Jeff Bezos e a Era da Amazon*, consiste no seguinte: Bezos recebe e-mails de reclamação de clientes e os repassa para seu time de liderança acrescentando o sinal gráfico que caracteriza a pergunta.

Como você aplicaria? Imagine um e-mail que aterrissa em sua caixa de mensagens com a seguinte queixa:

> "Recentemente comprei um produto seu, veio com defeito de fabricação e não consegui trocá-lo. Como a empresa se recusa a fazer a troca e segue vendendo o produto defeituoso normalmente, segundo seu SAC, eu me recuso a continuar seu cliente. Se quiser investigar o problema mais a fundo, meu código de compra é #12345ABC.
>
> Grato,
>
> Fulano de Tal, ex-cliente."

Você pode modificar a frase "a empresa se recusa a fazer a troca" com o acréscimo do ponto de interrogação e repassar a uma pessoa com poder para agir: "A empresa se recusa a fazer a troca? Por quê?" Na Amazon, funciona. Os e-mails perguntadores de Bezos são conhecidos por provocar ondas de pânico na empresa, como uma bomba-relógio. Se tiver um caso real — jamais brinque com isso —, experimente: Jeff@Amazon.com.

Eric Ries, o jovem criador do conceito de startup enxuta, disse certa vez que "nós vivemos a era de ouro das perguntas". Concordamos que são os anos dourados das perguntas transformadoras. Sua explicação para isso não tem a ver com encontrar a melhor solução. Está ligada às soluções terem menor prazo de validade. Ele diz que as respostas duram cada vez menos tempo — se demorava 40 anos para uma empresa quebrar, hoje demora 15 e daqui a pouco serão só 5 anos e acabou.

Como demonstramos em nosso livro *Gestão do Amanhã*, a revolução digital provoca mudanças rápidas e obriga as empresas a se reconstruir constantemente para sobreviver. E isso exige de seus líderes que façam grandes perguntas de maneira muito frequente. Estamos falando de todos os líderes da cadeia de comando, do CEO ao gerente que tem uma equipe de duas pessoas.

O QUE APRENDEMOS SOBRE PERGUNTAS

Nosso insight em relação à gestão baseada em perguntas vem de longa data. Nós dois tivemos o privilégio de conviver com ícones da gestão mundial, e todos eles são exímios perguntadores. Em especial, José Salibi Neto se tornou amigo de Peter Drucker e de sua mulher, Doris, e também de Jim Collins, e ambos são famosos por atribuir um peso desproporcional às perguntas. Eles não apenas ficaram conhecidos por formular perguntas instigantes; suas respostas são novas perguntas.

No universo dos negócios, Drucker, que é o equivalente a Einstein entre as empresas, dizia que seu ponto mais forte era ser ignorante em relação a uma organização ou a uma prática de negócios e, assim, sentir-se livre para fazer algumas perguntas. Ele tinha, além disso, cinco perguntas essenciais do Peter:

→ Qual é a sua missão?

→ Quem é o seu cliente?

→ O que seu cliente valoriza?

→ Quais são seus resultados?

→ Qual é o seu plano?

Já Jim Collins declara que sua motivação para fazer as coisas nasce justamente com a busca da próxima pergunta certa. Foi fazendo perguntas retumbantes que ele escreveu livros que venderam 10 milhões de exemplares no planeta. Cada livro seu foi a resposta a uma pergunta que parecia um míssil teleguiado, de tão precisa.

"O que empresas verdadeiramente excepcionais, cuja idade média é 100 anos, fazem diferente das outras?" Ele escreveu *Feitas para Durar* em resposta a isso.

"Como empresas medianas podem alcançar a grandiosidade longeva?" Ele escreveu *Empresas Feitas para Vencer*, em resposta a isso.

"Por que algumas empresas vencem na incerteza e no caos, e outras não?" Ele escreveu *Vencedoras por Opção*, em resposta a isso.

Para sermos justos, a pergunta que levou a escrever *Empresas Feitas para Vencer* não foi feita por Jim, mas por um amigo dele durante um jantar, o que significa que tão importante quanto perguntar é saber apropriar-se das perguntas alheias.

Assim como Drucker tinha um set de 5 perguntas, Collins tem um conjunto de 12 perguntas básicas que muito nos ensinou:

1. Queremos criar uma empresa de nível 5 e estamos dispostos a nos engajar nisso?
2. Temos as pessoas certas nos lugares certos?
3. Quais são os fatos brutais que são reveladores para toda a empresa?
4. Se nossa empresa desaparecer, quem sentirá sua falta? Ela deixou sua marca?
5. Qual é a marcha de 20 milhas [32 quilômetros] de cada um de nós?
6. Onde vamos fazer apostas criativas?
7. Sobre quais valores essenciais e sobre qual propósito duradouro construiremos nossa cultura nos próximos 100 anos?
8. Qual é a nossa meta ousada dos próximos 15 a 25 anos?
9. O que pode nos matar? Será que apresentamos algum sinal de um dos 5 estágios de declínio? Como vamos nos proteger?
10. O que devemos deixar de fazer?
11. Como você pode aumentar o seu retorno sobre a sorte, aproveitando as ocasiões em que esta aparecer?
12. Somos uma equipe de liderança nível 5 e estamos criando uma cultura de nível 5? "Na vida, teremos sorte e azar. Então, a questão não é a sorte em si, mas saber aproveitá-la. Bill Gates, por exemplo, não era o único a conhecer a linguagem da computação, mas soube aproveitá-la", indica Collins.

Também fomos impactados por gurus de perguntas mais pessoais, aquelas perguntas gigantes, capazes de abrir o mar Vermelho. O próprio Peter Drucker foi um deles. Sua pergunta gigante era: "Como posso melhorar o mundo?" Peter dormia e acordava com ela todos os dias.

O coach pop Tony Robbins é outro desses gurus. Condutor de eventos que são um verdadeiro espetáculo, ele teve um insight importante de uma pergunta gigante desdobrada em quatro:

→ Quem é você?

→ É um artista? É um produtor habilidoso?

→ É um gestor, um líder?

→ Ou é um empreendedor?

Assim como Peter, Jim e Tony Robbins, recomendamos que você também tenha sua marca registrada nesse front, sua pergunta gigante. Sabe quais são as nossas perguntas de estimação? Aqui vão elas:

→ Salibi » Como tornar empresas e profissionais mais felizes?

→ Magaldi » Como fazer as pessoas desenvolverem todo seu potencial em um ambiente em transformação?

Para encerrar, mencionamos ainda a pergunta de cabeceira de Simon Sinek, palestrante que fez um dos TED Talks mais vistos de todos os tempos e autor de cinco best-sellers: *Por quê?*

Mas, como veremos a seguir, essa pergunta não é exatamente dele — tem uma espécie de licença Creative Commons.

AS PERGUNTAS MAIS IMPORTANTES

Foco é uma ferramenta importante no mundo dos negócios, todos sabemos. É em nome do foco, por exemplo, que ganha cada vez mais força o movimento de mindfulness, uma prática inicialmente bem estranha ao mundo das empresas. Afinal, os gestores já entendem que precisam das pessoas presentes no aqui e agora. Em nome do foco também, muitos líderes gostam de definir poucas e grandes prioridades a perseguir em um ano. Em vez de vinte metas importantes, três. Ou apenas uma, como sugerem alguns.

Então, propomos aqui o mesmo exercício de foco com as perguntas. É possível fazer uma série de perguntas transformadoras o tempo todo, mas você pode estabelecer prioridades.

Comecemos pelo que, na opinião de muitos pensadores, talvez sejam as três perguntas mais importantes de todas, em qualquer que seja o campo de atividade:

→ Por quê?

→ Por que não?

→ E se?

Crianças sempre perguntam "por que isso?", "por que aquilo?", "por que é assim?", não é verdade? Perguntam à exaustão, até jogarmos a toalha. Mas, mesmo quando a toalha está no chão, sabemos que devemos incentivá-las a continuar fazendo isso.

Nem todos sabem, mas foi a filha de Edwin Land, Jennifer, de 3 anos de idade, que em um dia frio de 1943 lhe deu a ideia de criar as fotos instantâneas, que levaram à Polaroid. O inovador brilhante, considerado uma espécie de Steve Jobs nos anos 1940 nos EUA, estava em férias com a família no Novo México quando a pequena Jennifer, impaciente para ver as fotos que o pai tirava, disparou essa pergunta: "Por que eu não posso ver a foto agora?"

Land já havia desenvolvido a tecnologia de polarização de luz e a aplicava em óculos de sol para reduzir o brilho — e sua ambição naquele momento era convencer as montadoras a usá-la também nos faróis e para-brisas dos carros para evitar acidentes por reflexos repentinos e inconvenientes. Mas foi o "por quê?" da menina de 3 anos que lhe mostrou a oportunidade à sua frente.

Do mesmo modo, temos, como adultos, de retomar nosso hábito de perguntar por quê. Alguns adultos privilegiados conseguiram manter isso. O MIT Media Lab, por exemplo, parece um jardim de infância para quem já cresceu. Lá nasceram algumas das maiores inovações de que temos notícias, do jogo Guitar Hero ao tablet Kindle, passando por carros futurísticos que são dobrados no meio. As pessoas se sentem sempre brincando, porque sempre estão experimentando e perguntando, com um olhar tão fresco como o pão que acaba de sair do forno na padaria. As perguntas é que mantêm o frescor no olhar.

Um adulto que manteve o "por quê?" das crianças foi o já citado Steve Jobs. Ele falou isso literalmente naquele seu discurso de paraninfo de Stanford, quando disse "stay hungry, stay foolish" (mantenha-se faminto, mantenha-se tolo).

Sem dúvida, a Apple é uma empresa com um "por quê". A pergunta leva a um propósito, como diz Simon Sinek, e a Apple justamente não vende um produto final, mas um propósito: usabilidade com beleza — em produtos desenvolvidos com uma interface intuitiva e agradável de olhar.

Segundo Sinek, todo mundo sabe *o que* faz... Algumas pessoas sabem *como* fazem, mas pouquíssimas pessoas e organizações sabem *por que* fazem o que fazem. A maioria desconhece o seu propósito.

Há uma série de perguntas de apoio recomendadas por Sinek para levar alguém a definir seu propósito. Duas delas, que podem ser desdobradas em muitas ao longo de uma conversa, são: (1) Que histórias e pessoas tiveram mais impacto em sua vida? (2) O que elas têm em comum? É preciso ter em mente, é claro, que tanto uma pessoa quanto um grupo podem ter mais de um propósito. Jobs falaria na caligrafia ao mencionar o impacto, por exemplo.

Sempre que você não tiver bem certeza do que deve questionar, saia--se com "por quê?". Trata-se de uma pergunta penetrante, que provoca alterações no cérebro, segundo estudos neurocientíficos.

Peter Drucker ensinou a fazer a segunda pergunta mais importante da Terra, que é irmã do "por quê": o "por que não". Trata-se de uma questão especulativa por excelência, que busca caminhos alternativos. Um dos mais famosos defensores do "por que não" foi o dramaturgo George Bernard Shaw. Ele escreveu o seguinte: "Você vê coisas e diz 'por quê?' Mas eu sonho com coisas que nunca existiram e digo 'por que não?'."

De acordo com o pesquisador da gestão Henry Mintzberg, os norte-americanos sempre foram o estereótipo do povo "por que não" no planeta. Diziam, sem medo, que estavam dispostos a tentar novos caminhos, que correriam os riscos. Esse espírito foi o que os levou a ser o povo mais inovador do planeta, em termos de negócios. Mintzberg, que já chegou a elogiar nos brasileiros a capacidade de perguntar "por que não" (especialmente no campo das organizações sem fins lucrativos), está convencido de que as esperanças do mundo estão nos que perguntam: "Por que não?"

A terceira pergunta-chave da humanidade é: "E se?" Trata-se de uma irmã gêmea do "por que não", mas não uma gêmea idêntica. Pois "E se?" empurra para a ação imediata. Ela aventa um possível novo caminho e induz uma pessoa a experimentá-lo antes mesmo de decidir se vai seguir por ali. Observe: a pessoa que pergunta "E se tentarmos assim?" já sai tentando em seguida. O "E se", inclusive, ganhou muitas ferramentas de apoio nas tecnologias digitais. Ficou relativamente fácil criar um protótipo para embasar um "E se?". É fácil testar o "E se?", com vídeos no YouTube ou testes A/B ou colhendo feedbacks de clientes em iterações propostas pela metodologia de lean startup.

Enquadrando apenas o mundo dos negócios, também acreditamos que algumas perguntas podem ser mais importantes do que outras, como as que detalhamos a seguir.

A pergunta mais importante para uma empresa — **"Em que negócio nós estamos?"** Não há nenhuma dúvida sobre qual seja a questão "XPTO" para esse universo. Como exploramos no capítulo "O que não muda quando tudo muda", o pesquisador do marketing Theodore Levitt fez essa pergunta em um artigo de 1960, quando ele ensinou que a indústria de ferrovias ruiu não porque surgiu a indústria automobilística, mas porque as empresas estabelecidas do setor ferroviários, cegas pelo sucesso, não entenderam que não estavam no negócio de ferrovias, e sim no negócio de transportes. Se adotassem outra postura acompanhando o comportamento, as aspirações e as necessidades dos consumidores da época, os gestores poderiam ter desenvolvido soluções adequadas para seus consumidores em vez de se concentrar em melhorar os produtos existentes. Os insights de Levitt serão mais detalhados no Capítulo 10, mas é preciso ter em mente que sua pergunta icônica deve ser feita e refeita na sua organização, com bastante frequência.

Em que negócio está a Tesla, de Elon Musk? No de carros elétricos? Não, está no negócio de acelerar o transporte baseado em energia renovável e, provavelmente, também no negócio de energia renovável em si. A Amazon, de Jeff Bezos, está no negócio de varejo? Não, ela se pergunta isso constantemente e vai se reorientando para atender aos clientes no que precisarem — hoje, seu negócio de nuvem B2B, a AWS, responde por 65% de seus lucros. No Brasil, o Nubank estaria limitado se seu negócio fosse cartão de crédito; seu negócio são serviços bancários digitais. E o GymPass, que é uma assinatura para o uso de academias de ginástica, vai virar um iFood porque seu negócio é oferecer conveniência.

As duas perguntas mais importantes de um CEO — "Como posso energizar a organização de modo a maximizar o intelecto de todo o nosso pessoal?" e "Se você não estivesse nesse negócio hoje, entraria nele?". A primeira pergunta é de todos e de ninguém. Em um tempo em que talentos humanos fazem uma brutal diferença, manter esse nível de engajamento é uma das maiores tarefas do líder de uma empresa. A segunda pergunta, talvez você tenha reconhecido; é de autoria de Jack Welch, ex-CEO da General Electric que foi eleito o "executivo do século XX". Esse é um questionamento difícil de fazer e que exige sinceridade absoluta consigo mesmo. Se a resposta for não, há uma pergunta de follow-up: "Por que não?" (É um "por quê" similar ao preconizado por Minzberg.) "E o que fazer a respeito?" Sabemos que a resposta de Welch foi vender todos os negócios em que a empresa não estivesse em primeiro ou segundo lugar em participação no mercado.

As perguntas-chave para recrutar talentos — São cinco, descritas a seguir. Quem se lembra da fase das perguntas extravagantes do Google nas entrevistas de emprego? Por exemplo, "quantas vezes por dia os ponteiros do relógio se sobrepõem?" Ou "quantos afinadores de piano existem no mundo?". Como se sabe, a gigante da tecnologia abandonou essa linha de perguntas. (Mas, para quem tiver curiosidade, as respostas são, respectivamente, "22 vezes", se você desenhar um relógio e for fazendo as contas; e "quantos o mercado pedir, porque dependerá da frequência de afinação demandada" — além disso, as estimativas feitas para o tempo de afinação de cada piano e de locomoção entre clientes e do percentual de pianos por pessoas também contam pontos.)

Esses modismos comprovam que a área de recrutamento e seleção é considerada nevrálgica para uma empresa. Em uma entrevista de contratação, a pergunta mais importante é a que permite à empresa saber se o interlocutor será a pessoa que está procurando e também a que possibilita ao interlocutor saber se a empresa será o lugar certo para si. Ou seja, a pergunta certa indica se há match entre as partes.

O site de recrutamento Monster.com sugere algumas perguntas certas para entrevistas de emprego, especialmente com candidatos da geração Y, e destacamos cinco:

1. Esse jovem não tem experiência, e essa pergunta permite entender o que ele acha que precisa oferecer e sua capacidade de sair do script — pode responder citando um projeto de escola, um trabalho voluntário, uma viagem, um curso, uma descoberta feita em um teste psicométrico. Isso também mostra para o candidato se aquela organização reconhece experiências diferentes e é receptiva ao jeito dele — ou não.

2. Como lidou com isso? Isso mostrará à organização se o candidato tem capacidade de se comprometer com algo (quem suportar ouvir questões negativas tem mais chance de realmente ficar), e, ao candidato, mostrará o nível de engajamento que a empresa espera.

3. A resposta aqui mostra se o candidato entende que não pode ganhar todas e se é resiliente.

4. Isso evita desencontro de expectativas. Millennials costumam querer ser amigos dos chefes, e essa linha de questionamento já vai mostrar que não é assim que acontece.

5. A disposição de movimentar-se, saindo da sua cadeira e da empresa para resolver coisas, pode ser um bom sinal de quem é protagonista. A inclusão de um tempo para ler pode mostrar disposição para aprender constantemente.

METODOLOGIAS PARA PERGUNTAR

Sócrates, Voltaire e Einstein improvisavam suas perguntas, é certo, mas talvez seja uma boa ideia que pessoas com QIs menores que os deles se preparem para o questionamento. Afinal, as perguntas mais importantes estão longe de esgotar a gestão baseada em perguntas.

Nós sugerimos três abordagens para gerar perguntas significativas — uma oriental e duas ocidentais:

Os cinco "por quês" da Toyota (The Five Whys Tecnique). — Concebida por Sakichi Toyoda, o fundador da montadora Toyota, para superar os limites da psicologia humana, essa sequência de cinco ou mais perguntas interligadas permite chegar à raiz de um problema de uma vez por todas. Em geral, convidam-se todas as pessoas afetadas por um determinado problema para uma reunião de minutos; escolhe-se o líder da reunião e, então, pergunta-se "por quê?" cinco vezes ou mais. Em geral, detecta-se o problema na quinta resposta, embora possa demorar um pouco mais. Ao chegar a essa conclusão, as pessoas ficam encarregadas de achar soluções, e a comunicação sobre as soluções é feita por troca de e-mails entre os membros da equipe.

Imaginando que o problema é que a lâmpada de temperatura no painel do carro acendeu, para utilizar um exemplo que circula na internet, vamos hipoteticamente aplicar o método dos cinco "por quês":

1. Por que a lâmpada de temperatura acendeu? Porque o motor esquentou.
2. Por que esquentou? Porque o nível de água do radiador estava baixo.
3. Por que o nível estava baixo? Porque a água pode ter vazado por algum lugar.

4. Por que a água vazaria? Porque há uma pequena trinca no radiador que permite a perda de água.

5. Por que há essa trinca? Porque uma semana atrás o carro rodou numa estrada de terra e passou por uma pedra que fez um pequeno dano na capa de proteção e, assim, atingiu o radiador.

Sem ter questionado cinco vezes a razão de as coisas acontecerem, a ação corretiva tomada poderia ser simplesmente completar o nível de água do radiador. Mas seria uma solução errada.

Uma segunda e interessante metodologia, com a finalidade explícita de promover a inovação, é proposta por Warren Berger no livro *Uma Pergunta Mais Bonita*: o sistema "Por quê?/E se?/Como?". Ele junta o "por quê?" e o "e se?" com mais uma questão e forma, assim, uma alavanca de inovação — "como".

A sequência do raciocínio do autor é: "Por que mudar algo? E se fizéssemos assim? Como podemos fazer isso?"

Segundo Berger, a mais bela pergunta é "por quê?", e ela embute uma série de vantagens. Em primeiro lugar, a pessoa que a formula dorme, mas a pergunta em si não dorme. Isso porque ela é trabalhada não só em estado de vigília, mas durante o sono, o que faz com que dobre o tempo dedicado a respondê-la. Em segundo lugar, essa pergunta autoriza todo mundo a ser ousado e aventureiro — você não precisa ser um especialista no assunto para perguntar por quê. Além disso, uma pergunta forte atrai o apoio dos outros — ninguém resiste a ajudar quando a pergunta é desafiadora. Tudo isso somado ajuda a criar *momentum* em relação a um determinado assunto. Os complementos "e se" e "como" ajudam a transformar esse *momentum* em realidade.

Warren Berger é jornalista, e isso é uma deixa para falar da terceira metodologia: a famosa metodologia jornalística. Alguns dos livros mais impactantes da gestão mundial nas últimas duas décadas foram escritos por jornalistas, como *O Mundo é Plano*, de Thomas Friedman; *Fora de Série — Outliers*, de Malcolm Gladwell e *Drive e Motivação 3.0*, de Daniel Pink, e isso não é fruto do acaso. Jornalistas são craques em perguntas. De uma maneira geral, o parágrafo inicial (lead) de um texto jornalístico deve responder sinteticamente a seis perguntas: o que aconteceu (a ação); quem foi o responsável (o agente); quando aconteceu (o tempo); onde aconteceu (o lugar); como aconteceu (o modo); e por que aconteceu (o motivo). É um ótimo modo de levantar informações com poder de síntese em sua empresa também.

Fazer um check-up das suas emoções antes e depois de formular grandes perguntas é uma boa ideia. Isso ajuda a identificar a qualidade de uma pergunta. O professor do MIT Hal Gregersen sugere que, antes e depois de uma sessão de perguntas, você pare alguns segundos para entender seu ânimo. Seus sentimentos a respeito do desafio são positivos, negativos ou neutros? Descreva em poucas palavras seu estado de espírito e repita o mesmo no final da sessão. Você melhorou ou piorou? E seus interlocutores?

DISTINGUINDO PERGUNTAS CERTAS E ERRADAS

O que faz uma pergunta ser transformadora é ela ser ambiciosa o suficiente para poder conduzir a uma ação realizável que sirva como catalisadora de mudança.

Como se identifica uma pergunta transformadora? Brad Smith, o CEO da Intuit, a gigante de software indiana, disse que é aquela que faz nosso coração bater mais rápido. Se essa reação fisiológica for muito difícil de identificar, há outra maneira. É aquela que conseguir sua atenção total e que o fará se esforçar para conseguir o engajamento alheio.

Para o professor Hal Gregersen, algumas perguntas são melhores do que outras:

- Perguntas abertas são mais produtivas do que as fechadas e específicas.
- Perguntas curtas são melhores do que as longas.
- Perguntas simples são melhores do que as complexas.
- Perguntas que fazem associações aleatórias destravam a imaginação da audiência e geram novas e interessantes perguntas.
- Perguntas de uma persona alternativa à sua (quando você assume outra personalidade) destravam a imaginação da audiência e geram novas e interessantes perguntas.
- Perguntas descritivas (O que funciona? O que não funciona? Por quê?) devem vir antes de perguntas especulativas (E se fosse assim? O que aconteceria se? Por que não?).
- A alternância entre perguntas simples e perguntas complexas (do tipo que requer síntese criativa) também leva a respostas mais inovadoras.

A pergunta equivocada pode, no limite, acabar com uma organização. A Kodak já tinha inventado a fotografia digital e seu CEO fez duas perguntas a esse respeito: (1) Quem vai querer ver foto na tela? (2) Como vamos vender nossos filmes? Isso era o ano de 1996, o valor de mercado da Kodak era de US$28 bilhões e a empresa dominava o setor de máquinas fotográficas e filmes. Resolveu não investir no novo negócio e todos nós sabemos o que aconteceu.

Por sua vez, perguntas tóxicas devem ser evitadas. Elas são consideradas tóxicas quando são feitas com agressividade, quando colocam os holofotes sobre determinada pessoa a ponto de constrangê-la, quando parecem questionar as ideias de alguém ou quando cultivam a cultura do medo.

TIPOLOGIA DE PERGUNTAS

Há várias maneiras de organizar o que chamamos de portfólio de perguntas à nossa disposição, mas aqui nos concentramos em duas: pelo modo como são formuladas e pelos objetivos que querem alcançar.

O modo de ser da pergunta pode ser dividido em:

- → Pergunta diretas, que pedem uma resposta do tipo sim ou não.
- → Perguntas de transição, que transportam a pessoa de um lugar para o outro.
- → Perguntas de espaço em branco, para descobrir mercados a explorar.
- → Perguntas que invertem o dono da ação, como "E se você fosse no meu lugar, o que faria?".
- → Perguntas de classificação, que compartimentam os assuntos.
- → Perguntas de pontuação, que pedem que a pessoa dê notas a algo em uma escala de 1 a 10.
- → Perguntas de contraste, que promovem a comparação entre fatos ou pessoas distintas.

O cardápio de perguntas por objetivo é mais extenso. Frank Sesno, ex-âncora da rede de TV CNN que já entrevistou 5 presidentes dos Estados Unidos, conta que identificou ao longo de sua carreira 11 tipos de perguntas, conforme descreve no livro *Ask More — The Power of Questions to Open Doors, Uncover Solutions and Spark Change* ("Pergunte Mais — O Poder das Perguntas para Abrir Portas, Desvendar Soluções e Provocar Mudança", em tradução livre). É claro que ele vê isso da perspectiva de um jornalista, mas sua tipologia serve para nos abrir a cabeça na hora de elaborar indagações de negócios também. Vale a pena se debruçar sobre elas para ter um arsenal de perguntas à mão:

- **Perguntas diagnósticas.** Esse é o tipo de questionamento mais óbvio, que nos ajuda a identificar um problema particular que é definido por um conjunto único de sintomas ou circunstâncias.

Exemplos são: "O que não está funcionando?" "Quando começou a dar errado?" "Por que isso aconteceu?" "Como podemos consertar?" "O que aprendemos?" "O que isso significa?" O bom perguntador diagnóstico tem de querer abraçar más notícias, em vez de fugir delas. Entender o histórico daquilo e desafiar os especialistas no tema também são passos importantes.

- **Perguntas estratégicas.** Essas visam nos revelar o quadro maior e os objetivos de longo prazo — apostas, oportunidades, custos, obstáculos, consequências e alternativas. Exemplos: "Como você acha que a mudança ocorrerá?" "Como mediremos os resultados?" "De quanto dinheiro precisaremos?" "Quantos são os nossos rivais?" Esse tipo de questão é fundamental nas encruzilhadas que temos, pessoais ou profissionais. Elas aparentam ser simples, mas iluminam decisões complexas, caracterizadas por grande dose de risco e incerteza. Pedem por respostas sobre propósito e o quadro maior.
- **Perguntas empáticas.** Essas são as perguntas que garimpam os mais complexos elementos humanos, revelando as profundezas da alma e da experiência de vida de quem as responde. Elas visam descobrir o que os respondentes fazem, pensam, sentem e temem. Exemplos são perguntas sobre a infância ou a família: "O que você gostava de ler?" "Como eram seus pais?" Também incluem perguntas sobre o ânimo: "Você está triste agora?" "Sua integridade é a que você imaginou que teria?" "Como você gostaria de ser nesse aspecto?" Essas são as perguntas mais pessoais que existem e, por isso, é preciso conseguir antes a autorização das pessoas para fazê-las. Isso não é explícito; é preciso saber escutar o outro e respeitar os limites que ele impõe, perguntando somente o que for necessário.

- **Perguntas que aproximam.** Essas questões são um modo inteligente de encorajar as pessoas a falarem sobre aquilo que não querem falar. Muita gente costuma se fechar — o cliente, o colega, o subordinado — e até ser hostil a algumas abordagens, por ter vergonha de alguma coisa, por suspeitar que aquilo vai prejudicá-lo, porque é discreto por natureza. Três perguntas-chave podem ser citadas: "O que o motiva?" "O que você está pensando agora?" "Você oferece perigo?" Essas perguntas balançam o outro. Também é boa ideia reconhecer algumas coisas — "você tem razão sobre isso" — e fazer perguntas sem ponto de interrogação, como se fossem afirmações, para o outro concordar ou discordar.
- **Perguntas que confrontam.** Muitas vezes, as perguntas servem para chamar o outro à responsabilidade e lhe impor limites. São perguntas que conduzem ao *accountability*. Esse tipo de questão deve ser trabalhada cirurgicamente, demonstrando, se possível, a autoridade moral de quem a formula. E deve-se preparar para uma segunda pergunta diante de respostas evasivas ou defensivas. A pessoa não pode escapar; a resposta tem de ser exigida. Versões simples desse tipo de questionamento são: "Como isso aconteceu?" "Quem é o responsável?" "Você acha que fez a coisa certa?"
- **Perguntas criativas.** Aqui o objetivo é despertar a imaginação. O que você faria se ganhasse na Mega-Sena é uma pergunta criativa típica. "O que você faria se tivesse muito dinheiro?" é aquela categoria de pergunta que anima o pessoal de empresas de tecnologia a inventar coisas novas. Bem como: "O que você faria se fosse presidente dos Estados Unidos?" Ou "O que você faria se não pudesse fracassar?". Do mesmo modo que: "O que você faria se morasse no Butão? Ou se vivesse no século XVIII?"

Sugerir viagens no espaço e no tempo e propor outros contextos radicalmente diferentes são os rastilhos de pólvora da criatividade proporcionados nesse tipo de indagação. Nem a lei da gravidade deve ser um limite.

- **Perguntas missionárias.** O poder das perguntas pode ser utilizado para construir um time, clarear um propósito e definir metas a alcançar. Elas nos fazem resolver problemas e, para isso, revitalizam as pessoas e ajudam a definir prioridades. Exemplos: "O que é importante para você?" "O que você gostaria de mudar/construir/consertar?" "Quanto podemos ousar?" "Quão longe podemos chegar?" "Como podemos ser parceiros no crime?"
- **Perguntas científicas.** Você está familiarizado com a *slow food*, aquela corrente de culinária que prevê preparar e saborear os alimentos bem devagar? Pois também há *slow questions*, perguntas que devem ser elaboradas e respondidas lentamente, que se opõem ao mundo atual da instantaneidade. Isso porque, para serem respondidas, elas exigem dados, experimentos e fatos observáveis. Mesmo que a inteligência artificial acelere as coisas, o ritmo ainda é mais lento. Esse tipo de questionamento impõe uma disciplina muito útil às empresas, realmente capaz de levar a melhores decisões. As empresas mais inovadoras são assim por empregarem mais mulheres? Ou essas empresas empregam mais mulheres por serem mais inovadoras?
- **Perguntas de entrevista.** Já falamos um pouco desse tipo de pergunta, mas vale a pena detalhar um pouco, dada sua importância para os negócios. Esse é o tipo de questão que deve estimular o olhar para o passado e para o futuro. Também deve procurar no outro a originalidade, a inovação. As melhores perguntas desse tipo são as que desarmam a artificialidade que costuma haver

nesse contexto, com pessoas bastante treinadas. Nos anos 1930, Thomas Edison criou 141 perguntas para conseguir escolher pessoas entre milhares que queriam trabalhar em sua empresa — a General Electric. Ele prezava muito pelos conhecimentos gerais, fazendo perguntas como: "Que países fazem fronteira com a França?" Hoje, essas perguntas continuam a valer a pena, bem como as que visam a compatibilidade entre empregador e empregado, parecida com as perguntas de um site de namoro online — "Que adjetivos descrevem você?". Aliás, se o candidato responder "sou perguntador", é um bom sinal.

- **Perguntas para descontrair.** Às vezes, a descontração é muito importante em um relacionamento de trabalho, seja entre fornecedor e cliente, seja entre líder e subordinado. Sabe por quê? Porque ela cria engajamento entre as partes envolvidas. Podem ser perguntas surpreendentes, charmosas, engraçadas, aleatórias, que colocam o outro contra a parede, não importa. "Você gosta de escrever a mão ou só digita em teclados?" "Se fosse escolher uma única coisa para todos saberem a seu respeito, qual seria?" "Em Paris, você prefere passear na Rive Gauche ou na Rive Droite?" Um dos segredos dessa linha de questionamento é misturar assuntos sérios com tópicos leves e desinteressados.
- **Perguntas de legado.** Se lições de vida são o objetivo, esse é o tipo de bola que você precisa levantar. Essas questões dizem respeito a conquistas feitas, mudanças empreendidas e pessoas influenciadas. Referem-se a aprendizados e também a significado, espiritualidade, gratidão, arrependimentos, propósito, humanidade. Como eu quero ser lembrado? Como você encara seus fracassos? O que você escreveria em uma carta a seu bisneto? Qual é seu maior orgulho? Qual é a sua história?

OS BONS HÁBITOS DE FAZER PERGUNTAS

Se nós, adultos, temos tanta dificuldade de entrar no modo perguntador, como podemos mudar isso? Trata-se de uma questão comportamental, acima de tudo. Perguntar precisa ser um hábito. O consultor da PwC, Tom Puthiyamadam, sugeriu alguns hábitos a adquirir, em texto publicado na revista *HSM Management*:

Fazer perguntas regulares. São apenas quatro, que podem ser feitas mensalmente ou até semanalmente, se seu setor de atividade for muito acelerado:

1. Quais são as grandes tendências que vão remodelar seu ambiente de negócios?
2. Como essas tendências vão afetar o setor como um todo e o negócio em particular?
3. Quais são as questões de maior impacto e mais incertas que essas mudanças trazem — e que possíveis cenários futuros sugerem?
4. Quais são as implicações específicas desses cenários? (Segundo Puthiyamadam, os executivos se sentem estimulados a compartilhar e debater sobretudo as três primeiras questões, mas o resultado só aparece quando conseguem responder à quarta).

Aprofundar as perguntas. Imagine que sua empresa perdeu fatia de mercado. Em vez de perguntar "Por que nosso concorrente está ganhando market share?", vá mais fundo na investigação e indague sobre coisas que esse rival anda fazendo, como: "Por que os concorrentes estão ajustando preços em tempo real?" "Por que compradores pela internet querem alternativas à entrega em domicílio?" "Como a tecnologia transformará as gôndolas do mercado em showrooms?" As respostas a perguntas indiretas como essas podem oferecer orientação sobre como melhorar o market share, que é o verdadeiro objetivo do questionamento.

Fazer perguntas exploratórias. Puthiyamadam afirma que, assim como uma moldura em relação a um quadro, as pessoas costumam criar molduras para as perguntas, por meio de preâmbulos que explicam ou justificam coisas, o que ajuda a focar a atenção para produzir um impacto maior. O problema é que às vezes quem pergunta direciona a pergunta segundo o motivo de sua preocupação e até segundo uma solução já imaginada. E isso dificulta encontrar uma solução nova. É melhor deixar a pergunta aberta.

PERGUNTAS QUE TIRAM O SONO

Sabe aquilo que você não quer, de jeito nenhum, que lhe perguntem? É exatamente sobre isso que você deve se perguntar e perguntar aos outros. "Como podemos tornar nossa organização obsoleta antes que alguém o faça por nós?" Por exemplo, nosso amigo Philip Kotler gosta de fazer essa pergunta — é uma de suas perguntas gigantes de estimação.

Outras que nos ocorrem são: "Como empresas estabelecidas devem embarcar na transformação digital?" "E como uma empresa iniciante, sem quaisquer recursos tradicionalmente considerados essenciais para sobreviver, consegue, em questão de meses, invadir, conquistar e às vezes até dominar todo um ramo de atividade?"

Chip e Dan Heath, que escreveram três best-sellers do *New York Times*: *Gente que Resolve*, *Switch — Como Mudar as Coisas Quando a Mudança É Difícil* (Ed. Alta Books) e *Ideias que Colam — Por que Algumas Ideias Pegam e Outras Não* (Ed. Alta Books), recomendam seis perguntas que dão uma boa sacudida no seu pensamento, a ponto de tirar o sono. Todas dependem de um impacto repentino — uma mudança rápida na perspectiva ou a reformulação forçada de um dilema.

Imagine que a opção para a qual você está mais inclinado simplesmente não seja mais uma alternativa viável. O que mais você poderá fazer?

1. Imagine que a alternativa que você está considerando atualmente acabará sendo uma terrível decisão. Onde você encontraria provas disso exatamente agora?
2. Como pode colocar o pé na água sem mergulhar de cabeça nessa decisão?
3. O que você aconselharia seu melhor amigo a fazer, se ele estivesse na mesma situação?
4. Se você fosse substituído amanhã, o que seu sucessor faria com seu dilema?
5. Daqui a seis meses, que evidências o fariam voltar atrás nessa decisão? O que o faria dobrar a aposta?

BRAINSTORMING DE PERGUNTAS

Estamos falando até agora de perguntas na perspectiva individual. Mas a diversidade também ocupa um papel importante na formulação de boas perguntas, permitindo enxergarmos um problema de mais de um ângulo. Todo grupo de tomadores de decisão deveria ser formado de pessoas diversas, recomenda o consultor da PwC.

Enxergar uma questão por múltiplas lentes aumenta de fato as chances de provocar uma transformação real, em vez de mudanças incrementais. Mas pode ser algo inócuo se não for feito de modo disciplinado. Hal Gregersen encontrou uma maneira organizada de fazer um brainstorming de perguntas e defendeu, em artigo na *Harvard Business Review*, que o brainstoming de perguntas em grupo funciona melhor que o brainstorming de respostas em grupo. Isso porque não se cobra das pessoas que defendam seus pontos de vista, o que libera as mais introvertidas para que se manifestem.

Sua metodologia se chama "question burst", ou "estouro das perguntas", como se fosse um estouro da boiada desses que derrubam porteiras. Ele foi influenciado pelo trabalho do sociólogo Parker Palmer sobre perguntas abertas e sinceras. O investimento de tempo é muito baixo — meia hora — e o brainstorming possui três etapas:

- **Prepare o palco.** Escolha um desafio com o qual se importa muito. Convide poucas pessoas — três a seis — para participar da conversa; a metade ou um terço delas não deve ter nenhuma experiência com o assunto ou, pelo menos, uma visão de mundo bem diferente da sua. Então, deixe duas regras claras: (1) as pessoas só podem fazer perguntas e (2) não pode haver preâmbulos ou justificativas para nenhuma pergunta, porque isso vai direcionar o pensamento das outras pessoas. Pergunte a si mesmo e aos outros sobre seu ânimo. Seus sentimentos a respeito do desafio são positivos, negativos ou neutros?
- **Comece a tempestade.** A pressão do tempo é importante. Marque 4 minutos no cronômetro do celular para vocês coletivamente fazerem o máximo possível de perguntas a respeito do tema. Avise: quão mais surpreendentes e provocativas forem as perguntas, melhor. Parece pouco tempo, mas muitos executivos consideram uma eternidade. A ênfase aqui é na quantidade de perguntas, segundo Gregersen. Tente coletar ao menos 15 perguntas nesses 4 minutos — se vierem mais, tanto melhor. Devem ser curtas, simples e diferentes umas das outras. Se ao final da etapa o clima estiver mais

positivo do que 4 minutos antes, prossiga para a próxima etapa. Se não, refaça a sessão ou deixe para o dia seguinte — talvez com pessoas distintas. O estado de espírito positivo produz perguntas muito melhores, como mostram pesquisas diversas.

- **Identifique uma trilha de perguntas e fique nela.** Releia as perguntas selecionando as que sugerem novos caminhos e os padrões entre elas. Em 80% das vezes, garante Gregersen, esse exercício produz pelo menos uma pergunta que é totalmente fora da caixa. Aí você vai trabalhar em expandir essa questão. Pode usar as metodologias aqui citadas. Esqueça aspectos como facilidade de implementação e foque as soluções que criam mais perguntas sobre isso. Depois, pense em um plano de curto prazo (as três próximas semanas) com ações concretas para achar respostas às perguntas feitas.

FATORES DE SUCESSO

Agora que compartilhamos uma espécie de curso prático sobre fazer perguntas, vale a pena contar o que pode determinar o sucesso em uma jornada interrogatória, ao menos nos negócios:

→ Manter o espírito de um principiante para fazer perguntas. Imagine-se como a Jennifer, a filha de 3 anos de idade do fundador da Polaroid. Por que não posso ver a foto na hora, papai?

→ Fazer uma sequência de perguntas, em vez de soltar uma única questão isolada. Lembre-se de Sócrates. Lembre-se de Toyoda. Lembre-se de que o poder de penetração destrava o que o outro vai responder.

→ Preferir perguntas abertas, que costumam obter respostas mais verdadeiras e originais do que perguntas com direcionamento específico, garantem as professoras da Harvard Business School

Alison Brooks e Leslie John. “Como desenvolver uma equipe?” é uma pergunta aberta. “A coisa mais importante num desenvolvimento é fazer cada um pensar por si mesmo?” é uma pergunta direcionada.

- Se o direcionamento específico for realmente necessário, é melhor fazer perguntas mais pessimistas, como mostrou uma pesquisa de Julia Minson, Eric VanEpps, Jeremy Yip e Maurice Schweitzer, ligados a várias universidades norte-americanas — o último, à Wharton School of Business, da Universidade da Pensilvânia. Por exemplo, “Esse negócio vai precisar logo de novos equipamentos, não?” funciona melhor do que “Esse equipamento está funcionando bem, certo?”.
- Prestar atenção à sequência de perguntas. De acordo com Alison Brooks e Leslie John, da HBS, em conversas tensas é melhor começar com as perguntas duras, invasivas, e ir suavizando o caminho — aí as pessoas falam mais. Já se o objetivo é construir relacionamentos, a abordagem deve ser a oposta.
- Recuar um pouco em sua abordagem para abrir espaço para quem responde. Isso significa ser menos incisivo e adotar um tom informal, casual, em vez de algo oficial.
- Reparar naquilo que outros deixam passar é valioso também. Perguntas que mostram que você realmente prestou atenção ao outro e a detalhes do que ele disse podem fazer toda a diferença.
- Usar perguntas que contestam pressupostos, incluindo os pressupostos do próprio perguntador. Abra o coração nesse aspecto e você colherá mais do que está plantando.
- Ter em mente que a pergunta faz parte de uma conversa. E uma conversa é uma dança em que as pessoas estão sincronizadas. Precisa haver um acordo implícito sobre o que deve ser trazido a público e o que é privado, por exemplo.

- Manter o olhar fresco sobre o assunto é importante para formular uma sequência de perguntas sobre um tema, mas adquirir um entendimento mais profundo sobre ele também ajuda. Pode parecer paradoxal, mas nossa recomendação é ir atrás das duas coisas e, então, misturá-las.

FOMENTANDO UMA CULTURA DE PERGUNTAS

O que fez a Netflix virar o que é hoje, com 137 milhões de usuários no mundo contabilizados em outubro de 2018? Cada um pode ter sua versão para a história, mas nós estamos convencidos de que foram cinco grandes perguntas:

- Por que tenho de pagar multa por atraso para a Blockbuster?
- E se uma videolocadora fosse administrada como uma academia de ginástica?
- Como posso distribuir filmes e shows online?
- Por que só alugamos filmes e shows?
- E se nós os produzíssemos também?

Grandes perguntas nos ajudam a identificar e resolver problemas, inovar, desenvolver ideias que podem mudar o jogo e perseguir novas oportunidades. Só que as perguntas não brotam em qualquer ambiente. Sabe-se que organizações que valorizam o atrito criativo têm quocientes de perguntas mais elevados, como Amazon, IDEO, Patagonia, Pixar, Tesla e Zappos. Suas pessoas lidam com desafios fazendo perguntas difíceis umas às outras.

Segundo uma pesquisa conduzida por Andrew Hargadon e Beth Bechky, as pessoas nesses lugares não respondem simplesmente de bate-pronto às perguntas elaboradas. Elas fazem considerações cuidadosas e muitas vezes devolvem perguntas melhores. Isso vai se repetindo em uma espécie de espiral, até que as soluções surgem. Eles questionam o saber convencional do seu setor, as práticas fundamentais de sua empresa e até a validade de suas próprias premissas.

Então, não basta você saber fazer perguntas para dominar a arte de fazer perguntas transformadoras. É preciso construir uma cultura de fazer perguntas em sua equipe e em sua empresa.

O primeiro passo para isso é não solapar uma cultura de fazer perguntas. Uma cultura muito quieta, de cumprir ordens, não faz perguntas. E não inova. O foco excessivo no corte de custos, na exploração do fornecedor ou do distribuidor na repartição dos lucros, também são práticas que jogam por terra o ecossistema que contribui para as perguntas.

Depois, promova essa cultura ativamente. Uma das maneiras mais interessantes que encontramos veio de Alison Brooks e Leslie John, da Harvard Business School, que praticam o que denominam "novo método socrático" em sala de aula, e que pode ser copiado nas empresas.

O objetivo delas é formar bons perguntadores. Elas instruem metade da turma a fazer o mínimo de perguntas possível, enquanto a outra metade deve fazer o máximo de perguntas que conseguir. Depois dividem os alunos em pares com três formações: mínimo-mínimo, máximo-máximo, mínimo-máximo.

E veem quais formações vão funcionando melhor com os três tipos de conversas existentes — competitivas, cooperativas ou mix das duas coisas. Todas têm perguntas introdutórias e de espelho ("Como vai você?" "E você?"), depois perguntas que mudam de assunto e perguntas de follow-up pedindo mais informações sobre o tema. É um experimento que vale a pena repetir de tempos em tempos.

Temos visto que mais e mais empresas treinam seus líderes para fazer perguntas. Não param de surgir livros inteiros sobre o tema. Não seja o último a acordar para o assunto.

É POSSÍVEL MEDIR OS RESULTADOS?

As boas perguntas poderiam facilmente ser alocadas no território das iniciativas que sabidamente criam valor para uma organização e para a carreira de um profissional, mas são intangíveis.

Mas o fato é que alguns estudos já fizeram uma mensuração das perguntas. Por exemplo, a startup israelense Gong.io, especializada em inteligência de apoio para conversas de times de vendas, estudou mais de 500 mil conversas ligadas a vendas B2B e concluiu que os vendedores de melhor performance são os que perguntam mais. Confirmando pesquisas anteriores, eles descobriram uma forte relação entre a quantidade de perguntas que o vendedor faz e sua taxa de conversão de vendas. Mesmo nos filtros por gênero e por tipo de contato (demo, proposta, negociação etc.), isso se confirma.

No entanto, o número ótimo de perguntas fica entre 11 e 14. Mais questões do que isso levam as taxas de conversão a ficar mais próximas da média, segundo as professoras Alison Brooks e Leslie John, da Harvard Business School, que escreveram sobre o assunto. Outro aspecto avaliado foi a forma de fazer as perguntas. Esses vendedores mais bem-sucedidos não fazem um interrogatório com o cliente prospectado — não as concentram no início da conversa, como, por exemplo, acontece com os vendedores de mais baixa performance. Os campeões de vendas espalham suas 11 a 14 perguntas ao longo de toda a conversa, para que soem completamente naturais. E, como todo bom perguntador, eles também escutam muito mais do que falam.

Ou seja, fazer perguntas para um potencial comprador na atividade de vendas gera muito mais resultado do que fazer um pitch. Esse é ou não um bom termômetro? Como lembram Alison Brooks e Leslie John, poucas atividades de negócios conseguem se beneficiar tanto da arte de perguntar quanto as vendas.

A PERGUNTA DERRADEIRA

Martin Seligman se tornou presidente da Associação Americana de Psicologia e, em 1998, fez uma pergunta transformadora no encontro anual da entidade: "E se o bem-estar das pessoas for uma consequência de certas condições positivas, que possam ser medidas e cultivadas (em vez de serem consequência de desordens mentais que precisamos atacar)?" Foi daí que surgiu todo o movimento da psicologia positiva.

Já havia várias correntes terapêuticas consolidadas e, mesmo assim, Seligman não teve medo de fazer uma pergunta "nada a ver". Se tivesse "bom senso", talvez devesse ter se refreado, sabendo a hora de parar de fazer perguntas, correto?

Não. Errado. Muito errado. Nunca se deve parar de fazer perguntas.

Aos que nos perguntam quando parar, respondemos com mais uma pergunta, à moda de Peter Drucker e Jim Collins, para que eles mesmos providenciem a resposta: quando devemos parar de evoluir?

Nunca. E é disso que se trata. Perguntas provocam evolução, é como se houvesse um darwinismo com pontos de interrogação.

De agora em diante, encare todas as respostas como transitórias e se disponha a fazer perguntas com frequência.

O insight que a prática nos traz é que todos os líderes bem-sucedidos são experts em fazer perguntas. Como diz Sinek, líderes são aqueles que vão na frente e abrem caminho para os outros seguirem. E, no mundo dos negócios, ir na frente implica necessariamente fazer as perguntas certas sobre tudo e qualquer coisa, como já disse Albert Einstein — começamos com ele o capítulo e com ele o terminamos.

EXPERIÊNCIA EXPANDIDA

Luciano Pires, podcaster do Café Brasil, discute as perguntas e a inquietude que elas provocam

5 PERGUNTAS ESSENCIAIS DE PETER DRUCKER

* Qual é o seu plano?
* Qual é a sua missão?
* Quem é o seu cliente?
* O que seu cliente valoriza?
* Quais são seus resultados?

AS PERGUNTAS MAIS IMPORTANTES DA GESTÃO

* Por quê?
* Por que não?
* E se?

A PERGUNTA MAIS IMPORTANTE PARA UMA EMPRESA:

"Em que negócio nós estamos?"

AS DUAS PERGUNTAS MAIS IMPORTANTES PARA UM CEO:

"Como posso energizar a organização de modo a maximizar o intelecto de todo o nosso pessoal?"

"Se você não estivesse nesse negócio hoje, entraria nele?"

AS PERGUNTAS-CHAVE PARA RECRUTAR TALENTOS:

* O que seria um bom dia de trabalho para você? Como você distribuiria seu tempo?
* Que tipo de relacionamento você espera ter com seu chefe?
* Você já teve de vestir um uniforme, cobrir uma tatuagem ou trabalhar durante a madrugada? Como lidou com isso?
* Você já foi preterido em uma promoção que esperava ou perdeu um prêmio com o qual sonhava? Como reagiu?
* O que você fez em sua trajetória que pode ser útil para este cargo?

Insight

#3

CRIANDO RIQUEZA *com a* cumplicidade

Ninguém mais aguenta ouvir (ou ler) que vivemos uma era de intensas mudanças. Isso é "chover no molhado", para usar um português da velha guarda. No entanto, pedindo desculpas com antecedência, avisamos que você encontrará essa informação em, praticamente, todos os capítulos desta obra. E explicamos a razão: ainda é preciso repeti-la à exaustão, repetir e repetir até a "ficha cair" (de novo, um português da velha guarda). Vivemos **MESMO** uma era de intensas mudanças. Só que a ficha caiu para poucos até agora; muito poucos, em especial no Brasil, entenderam a real dimensão do que vem ocorrendo.

Em nenhum outro momento da história da humanidade, e dos negócios, houve tantas mudanças importantes de uma só vez. O impacto da tecnologia, com os efeitos da chamada Lei de Moore (aquela que sentencia que qualquer sistema computacional dobra de capacidade a cada 18 meses), transformou nossa realidade de forma definitiva. Esse novo contexto é explorado em profundidade na obra *Gestão do Amanhã*, de nossa autoria, na qual mostramos como chegamos até aqui e os impactos dessa transformação para o ambiente empresarial.

Como se não bastasse a sobreposição de novidades com impacto direto em nosso dia a dia — inteligência artificial, big data, nanotecnologia, internet das coisas... —, passamos, globalmente, por uma revolução de hábitos e costumes que não deixa ninguém passar incólume.

Novas temáticas atingem o topo da agenda de discussões de toda a sociedade mundial, como equidade de gêneros, diversidade, novos movimentos sociais organizados, a reflexão sobre os efeitos da globalização e tantos outros assuntos que não estavam na pauta tradicional.

Estamos diante da consolidação de um novo paradigma da forma como vivemos, que atinge e mobiliza a tudo e a todos.

Em um contexto destes, "perdemos o chão".

Normal.

Tal sensação é quase um convite compulsório à reflexão sobre quais são os modelos mais vencedores para a gestão de nossas vidas e, o que nos interessa aqui, para a gestão de nossos negócios. Arriscaríamos dizer que, entre os líderes organizacionais, cujas "conversas de bastidores" têm como tópico número um a perda generalizada de referências, essa reflexão está bem adiantada. Não são poucos os que estão perdendo o sono perante a constatação que o objetivo de engajar os colaboradores com a organização é cada vez mais distante.

É importante termos um enunciado claro de nossos desafios: passamos por uma crise de confiança, cujos efeitos são potencializados pelas transformações em curso.

Explorando em mais detalhes esse enunciado, diríamos que a relação entre os indivíduos e as organizações passou por mudanças estruturais ao longo dos anos. Tradicionalmente, essa relação era estável, duradoura e previsível. As pessoas selecionavam as empresas empregadoras priorizando as que lhes proporcionariam uma maior solidez — e se relacionavam com essas companhias durante décadas. Mudar de emprego em ciclos menores do que 10 anos não era bem visto pelo mercado.

As coisas mudaram. E como!

A evolução da sociedade trouxe à tona um novo padrão de relacionamento empresarial. O novo modelo está calcado em relações mais voláteis e ambos os agentes, trabalhadores e a organização, têm vínculo menos profundo. A ideia de estabilidade cai por terra e os arranjos no relacionamento entre as partes toma outras dimensões, fazendo emergirem possibilidades como o envolvimento do profissional por projeto, o trabalho temporário, os modelos de home office (nos quais o indivíduo atua na maior parte de tempo em sua residência) e assim por diante.

As transformações do ambiente somam-se a um contexto que já passava por mudanças ao longo das últimas décadas; a instabilidade atinge níveis inéditos e amplifica-se a sensação de insegurança.

O resultado é uma "salada de frutas", que, por sua vez, faz aumentar a desconfiança entre as pessoas. Por um lado, a organização questiona o comprometimento do profissional com sua causa. Por outro, o indivíduo fica sempre com um pé atrás, pois sabe que, ao primeiro sinal de dificuldades, poderá ser descartado (e note que nem abordamos a insegurança proveniente da eminente substituição tecnológica que todas as ocupações sofrerão de forma crescente a partir de agora).

Se o problema é desconfiança, um dos caminhos para resgatar o engajamento dos colaboradores está justamente em recuperar a confiança nas relações, certo?!

É algo que toma tempo e exige atenção, em especial quando a tendência dominante é a tecnologia afastar as pessoas e gerar relacionamentos superficiais, porém funciona, certo?!

Mais ou menos. Confiança importa, tempo e atenção ajudam, mas nada disso parece mais ser suficiente ou inteiramente possível.

Com a globalização e o avanço das redes sociais e canais digitais, ampliamos tanto os horizontes de relações que perdemos a boa ingenuidade — toda confiança agora pode ser um pouco desconfiada, ainda mais diante da constância das mudanças, da manipulação fácil do ambiente virtual, dos efeitos das famigeradas "fake news" e toda sorte de novidades que rondam nossa rotina diária.

Evidentemente um relacionamento baseado em confiança deve ser pressuposto básico para a evolução dos indivíduos e da companhia que estes representam. Porém há algo a buscar que é maior do que a confiança e que não entra no currículo das escolas de administração: chama-se cumplicidade.

Sepultada a era ingênua, parece-nos necessário avançar além do horizonte da confiança e construir relações cúmplices. Não se trata de utopia, de maneira alguma; é apenas uma raridade por enquanto.

Casos concretos de relacionamentos com esse perfil estão aí para prová-lo, e todos têm em comum resultados extraordinários para seus respectivos negócios:

- → Mais uma vez podemos citar a memorável trinca Jorge Paulo Lemann-Marcel Telles-Beto Sicupira, que iniciou sua jornada no Banco Garantia e é protagonista de um dos modelos empreendedores mais vitoriosos do ambiente de negócios mundial com seu Fundo 3G Capital. São cúmplices.
- → Merece menção a dupla Bill Gates-Steve Ballmer, que construiu, com suas personalidades complementares, a Microsoft. Cúmplices também. (Ballmer foi o CEO da Microsoft entre 1998 e 2014, quando foi substituído por Satya Nadella.)
- → Ou, voltando mais no tempo, você já leu sobre Bill Hewlett e Dave Packard, que fundaram uma das maiores empresas de tecnologia da história, a HP, uma das principais percursoras da revolução tecnológica e cujos fundamentos foram baseados em sua liderança visionária? Cúmplices igualmente.

Em todas essas relações, extrapolou-se o conceito de trabalho em equipe, naturalmente baseado em confiança, para chegar à ideia de "integração", que resulta na criação de um valor extraordinário.

Uma analogia com a matemática explica isso melhor: se o relacionamento confiante leva os membros de uma equipe a **somar** esforços, o relacionamento cúmplice conduz à **multiplicação** das forças de cada um.

A palavra "cúmplice" tem origem no latim; vem de *complicáre*, que significa "enrolar, enroscar, dobrar enrolando". Partindo da etimologia para encontrar o significado do termo nos dias atuais, achamos duas interpretações recorrentes do termo.

Uma, proveniente do direito penal, posiciona como cúmplice aquele que contribui de maneira secundária para outra pessoa cometer um crime.

Outra, mais informal, dá conta de que cúmplice é quem colabora com outra pessoa na realização de alguma coisa; sócio, parceiro.

Observe o leitor que, em ambas as definições, o cúmplice é alguém que **depende** de seu parceiro e nele causa dependência. A cumplicidade que sugerimos ao mundo da gestão atual se traduz na interdependência de dois ou mais envolvidos para a realização de algo e, assim, transcende o conceito de confiança, que não prevê nenhuma relação de dependência.

Assim como existem sinais exteriores de riqueza, há sinais exteriores de cumplicidade, e pensamos em três: os olhares, a transmissão de pensamento e o desapego em relação ao próprio ego.

Comecemos pelos olhos. Há alguns anos, em uma entrevista para uma revista de esportes norte-americana, o ex-jogador Scottie Pippen foi provocado a explicar o êxito do Chicago Bulls, equipe mítica do basquete mundial que, nos anos 1990, foi hegemônica vencendo seis campeonatos da NBA, o maior relevante e competitivo torneio do esporte no planeta, sob a liderança do inesquecível Michael Jordan.

Sua resposta poderia ser considerada evasiva: segundo ele, a equipe tinha tal sintonia porque, durante um jogo, os jogadores simplesmente sabiam a posição dos colegas e, com isso, sabiam onde era necessário colocar a bola; tudo o mais acontecia na troca de olhares.

A despeito de os pragmáticos poderem encará-la como absurdamente intangível, a resposta foi incrivelmente precisa.

É essa troca de olhares da cumplicidade que torna as equipes mais eficazes em uma época de mudança contínua. É ela que propomos para as empresas. As coisas devem acontecer pelo olhar.

Agora, passemos às ondas cerebrais, à energia, talvez à física quântica (mas sem detalhar nada disso). Um indicador de cumplicidade é a quase mitológica "transmissão de pensamento". É quando seu parceiro começa uma frase que você consegue terminar sem que isso seja racionalizado. É quando um antecipa o que o outro pensa. Trata-se de uma sintonia total.

A terceira métrica pode ser conferida no caso de Jorge Paulo Lemann e seus sócios. Com toda a autoridade que lhe confere sua história, Lemann é categórico ao afirmar que sempre teve consciência de que, com seus dois parceiros, faria muito mais do que individualmente.

Lemann nos ensina que um dos pontos fundamentais de sua parceria com Telles e Sicupira — que já tem mais de 40 anos — é que ninguém quer roubar a cena para si. Cada um respeita a individualidade do outro e procura contribuir para que o conjunto dos sócios continue valendo mais do que qualquer um deles sozinho.

Insistimos: nada disso é uma visão romântica, nem tampouco inatingível. Cumplicidade existe.

OS NOVE ELEMENTOS DA CUMPLICIDADE — UMA CONSTRUÇÃO CULTURAL

Afinal, como incentivar a cumplicidade em nossas organizações? Como derrubar as muralhas individuais e substituí-las por uma cultura de troca de olhares e dependência mútua?

Em primeiro lugar, é imperativo entender: não se trata de tarefa trivial. Para estabelecer um padrão de relacionamento no ambiente de negócios que obedeça a essa dinâmica é necessário que exista uma interferência direta na cultura organizacional da empresa. E, como todos sabemos, todo e qualquer movimento nessa seara é complexo de nascença.

Por conta dessa complexidade, a nova bandeira deve ser levantada pelo principal líder da organização. As pessoas só se sentirão cúmplices das outras nas empresas em que atuam se perceberem uma contrapartida evidente. Tal contrapartida deve transcender o discurso e acontecer na prática com uma visão organizacional baseada no respeito por todos os colaboradores.

Tudo se inicia com a construção e consolidação de uma visão compartilhada. Bill Gates é reconhecidamente um dos maiores visionários do mundo e a Microsoft é resultado dessa sua habilidade. Quando de sua criação, Gates já enxergava a popularização dos computadores como ferramenta de trabalho e essa orientação foi decisiva para a evolução do grupo. Ballmer foi o primeiro CEO escolhido por Gates e, ao longo dos anos, incorporou a visão de futuro da organização como poucos, transformando-se no fiel escudeiro do líder.

A química da dupla logo se evidenciou. Enquanto Gates se dedicava a pensar o futuro, Ballmer concentrava-se de forma obcecada na execução do que foi planejado.

O nível de complementaridade da dupla saltava aos olhos quando observávamos quão contraditórios são seus perfis. Gates é discreto e tímido; Ballmer se popularizou por suas performances extravagantes em vídeos de eventos da Microsoft, em que pula no palco e urra diante de uma plateia em êxtase.

Se a visão compartilhada é o começo de tudo, complementaridade constitui a outra condição para a cumplicidade.

Não é necessário que haja uma orientação formal para montar equipes com componentes tão distintos como no caso de Gates e Ballmer, porém é fundamental que haja diversidade de pensamentos para que o valor da soma do todo seja maior do que as partes individualmente.

Vale reforçar que, para que essa diversidade dê frutos, no entanto, é crucial o respeito entre os componentes da equipe. Sem respeito não vamos adiante. Esse respeito, diga-se, também se traveste de admiração mútua representada pelo prazer de estar com o outro trabalhando para seu sucesso.

O leitor já visitou a garagem onde nasceu a HP, no Vale do Silício? Essa história é tão importante que a casa é parada obrigatória no circuito turístico. Reza a lenda que, depois de se decidirem pela fundação da empresa, Dave Packard e Bill Hewlett estavam em um dilema sobre o nome do novo empreendimento.

A dúvida era entre Packard-Hewlett ou Hewlett-Packard.

Ficou decidido que o nome seria escolhido jogando uma moeda, no "cara e coroa". Packard ganhou a disputa, mas resolveu homenagear o amigo fazendo com que a empresa se chamasse Hewlett-Packard ou simplesmente HP. Imagine o efeito desse simples gesto para o fortalecimento da relação entre os dois em um momento tão importante para a história de ambos. Só imagine.

O prazer gerado pelos relacionamentos baseados na cumplicidade tem como consequência a construção de ligações genuínas, em que a obrigação cede lugar ao engajamento espontâneo, sincero e pleno.

Sai de cena a execução de tarefas só porque estas devem ser executadas e entram a doação e a entrega. Transcende-se a visão do "ter de fazer"; ela é substituída pelo "desejo de fazer". Ninguém precisa pedir a ninguém para que dê "algo a mais" de si; isso acontece naturalmente, pois envolve o prazer.

Por proporcionar esse prazer, mais do que por outro motivo isolado qualquer, é que cumplicidade tem relação tão estreita com alta performance. Quando é possível a "construção" de uma equipe orientada por esse sentimento, a organização obtém resultados extraordinários.

Até agora, encontramos cinco elementos construtores de cumplicidade em uma organização de negócios:

1. Cumplicidade como escolha da liderança.
2. Visão compartilhada.
3. Complementaridade entre pensamentos diversos.
4. Respeito.
5. Admiração mútua que gera prazer no relacionamento.

Mas o assunto não se encerra aí. Cumplicidade é o típico conceito complexo que parece simples.

Pequenas atitudes exemplares

O cavalheirismo de Packard com Hewlett é tocante e, ainda bem, não é caso isolado. Outra excelente ilustração de atitudes construtoras de cumplicidade é encontrada no Google, empresa composta por profissionais apaixonados pelo negócio, também cúmplices e responsáveis pela construção de uma das organizações mais valiosa do mundo. Os fundadores e cúmplices Larry Page e Sergey Brin não cansam de dar mostras de sua cumplicidade com os funcionários.

Uma delas foi que os dois abriram mão de seus salários em 2004 e, desde então, recebem simbólicos US$1 como remuneração anual. A principal renda dos fundadores de um dos maiores fenômenos empresariais dos últimos anos é proveniente apenas das ações que detêm da holding Alphabet (o Google é uma das empresas do Grupo), não de seus cargos.

Deve passar pela sua mente que esse comportamento não tem nada demais, já que o valor de mercado da Alphabet é estratosférico beirando a marca de US$1 trilhão e as ações da dupla geram bilhões anuais em dividendos. É importante o leitor voltar no tempo, então, e refletir sobre o impacto dessa decisão em 2004, quando a organização ainda era uma startup, com um modelo de negócio pouco definido e um valor de mercado infinitamente menor que o atual.

Note o leitor o que essa decisão sinalizou, inequivocamente, para os colaboradores da empresa! A fé dos proprietários em seu time (e o compromisso com eles e o negócio) é tão grande que Page e Brin aceitaram depender somente do desempenho deles para obter sua renda.

Atitude rara de se ver em um momento do mundo em que ambições desmedidas de super-CEOs criaram um descompasso entre remuneração pessoal e resultados corporativos. O resultado está aí para quem quiser ver.

Se não conhecêssemos a história do Google, poderíamos deduzir que atitudes como a de Page e Brin formam uma peça de ficção, típica de jovens com uma visão romântica dos negócios. Mas conhecemos. E casos como esse nos ajudam a fortalecer a convicção de que construir uma organização orientada por relacionamentos baseados em cumplicidade é sinônimo da obtenção de resultados extraordinários.

Então, repetindo, eis o sexto elemento para a construção de cumplicidade:

> *6.* Atitudes exemplares que traduzam a cumplicidade para todos, em especial de parte dos líderes.

Será que é possível replicar em nossas organizações uma equipe tão engajada como a do Google?

Certamente sim.

Para isso é fundamental a identificação das pessoas alinhadas com esse conceito na empresa. Aquelas que não rezam por essa cartilha devem dar lugar a profissionais realmente comprometidos com essa visão, por mais que isso pareça duro.

Imagine a seguinte cena: você saltará de paraquedas e necessita que alguém o auxilie a dobrá-lo na preparação do salto. A quem você pediria isso em sua equipe?

Pois bem, nossa equipe deve ser composta somente pelas pessoas que possam dobrar nosso paraquedas de modo que fiquemos absolutamente tranquilos com o risco que estamos assumindo. São nossos cúmplices.

Eis o sétimo elemento da cumplicidade:

> *7.* Uma equipe alinhada, com cúmplices potenciais previamente selecionados.

Abertura e transparência

Nunca desconsidere a possibilidade de que uma pessoa tenha a maior boa vontade do mundo para dobrar seu paraquedas, mas não saiba como fazê-lo. Ou seja, ela quer ser cúmplice, mas não conhece os procedimentos necessários para sê-lo e, assim, garantir a excelência no processo.

Aí entra o aprendizado.

Todos os líderes excepcionais constroem valor por meio de suas equipes incentivando-as a aprender, buscando o aprimoramento de cada um.

A dupla Packard e Hewlett da HP, já na década de 1940, criou um estilo de gerência denominado "Política de Portas Abertas". A intenção do programa foi assegurar a todos os funcionários, independentemente do cargo, que todos os líderes da empresa estavam disponíveis, abertos e receptivos para auxiliá-los no que fosse necessário. Esse procedimento não é novidade para as empresas atualmente, porém, 70 anos atrás...

A abertura e a humildade são pressupostos básicos do aprendizado.

Para que tenhamos um ambiente orientado à cumplicidade é necessária a criação de um contexto com esse foco. Nele a confiança deve poder florescer sem restrições e todos estarem comprometidos com o sucesso do próximo incondicionalmente.

Não estamos fingindo que conflitos não existem e que tudo são mil maravilhas. É evidente que não, mesmo em um ambiente regido pela cumplicidade. Até em razão da diversidade de pensamentos requerida ali, é natural que existam divergências de visões. Conflito existirá sempre, porém, com uma equipe de cúmplices, é possível tratá-lo com abertura e transparência, pois a relação é incondicional e sem restrições.

Os relacionamentos devem ser gerenciados com foco na transparência. Essa é uma pequena e delicada flor que deve ser cultivada com muito carinho, a todo momento e por todos. Por mais simples que possa parecer, trata-se de algo extremamente complexo, pois essa flor é delicada e qualquer titubeio pode levá-la à degradação. Nosso oitavo elemento da cumplicidade é, portanto, o seguinte:

> *8.* Abertura e transparência incondicionais — e cultivadas permanentemente por todos.

Um dos principais desafios dos líderes diante de tudo que se lhes apresenta é manter as pessoas motivadas e comprometidas com os oitos elementos apresentados. Ou, para resumi-lo em uma única e poderosa imagem, manter a chama sempre acesa. Por isso preconizamos, para finalizar, que as organizações realizem com frequência uma auditoria junto a seus times.

O objetivo deve ser avaliar qual o nível de cumplicidade que norteia as relações pessoais na empresa observando dois níveis de validação: a cumplicidade entre as pessoas da equipe e entre as pessoas e a organização. Eis o nono elemento da construção cultural da cumplicidade:

> *9.* "Auditoria" periódica de cumplicidade entre as pessoas e delas com a empresa.

Não existe uma receita pronta para esse processo de auditoria, é claro; cada um formula a sua. Porém o ponto fundamental reside na análise da qualidade das relações existentes. Bom senso e orientação genuína a pessoas são os ingredientes para essa tarefa.

CAMINHO SEM FIM

Antes das palavras finais sobre esse insight importantíssimo "off-escola", vale a pena recorrer a uma técnica típica de sala de aula: repetir.

Vamos fazer o checklist dos nove elementos?

1. Encarar a cumplicidade como uma escolha da liderança.
2. Estabelecer uma visão compartilhada.
3. Cuidar para que haja complementaridade entre pensamentos diversos.
4. Priorizar o respeito entre as partes — e nunca abrir mão disso.
5. Garantir que haja admiração mútua, do tipo que gera prazer no relacionamento.
6. Providenciar para que haja atitudes exemplares de cumplicidade entre os líderes, que explicitem a cumplicidade existente para todos na organização.
7. Manter a(s) equipe(s) alinhada(s), com cúmplices potenciais previamente selecionados.
8. Estabelecer abertura e transparência incondicionais — e cultivadas permanentemente por todos.
9. Fazer uma "auditoria" periódica de cumplicidade entre as pessoas e delas com a empresa.

O caminho a ser trilhado para obtenção de relacionamentos baseados em cumplicidade é sinuoso e não é curto nem longo; paradoxalmente, não tem linha de chegada, pois sempre surgirão outras nuances, dificuldades e situações que exigirão o manejo da bússola pelos timoneiros da empresa.

A cumplicidade deve caminhar nas entranhas da empresa e de modo tão profundo que não tenha de ser expressa em declarações de missão ou em relatórios formais.

Ela simplesmente existe e norteia todos os passos de todos na organização. O esforço é grande, mas totalmente recompensado, pois o time cúmplice automaticamente tem seu valor reconhecido por seus clientes — afinal, uma organização cúmplice com sua equipe é cúmplice com seus clientes, que reconhecerão esse valor recompensando-a com sua fidelidade.

Paradoxalmente, a cumplicidade deve ser um valor que extrapola a necessidade de um relacionamento extenso e duradouro entre as partes como era no passado. Mais importante que o tempo dessa relação é seu engajamento, intensidade e profundidade.

Parafraseando o grande poeta, que essa cumplicidade "seja eterna enquanto dure"![*]

---

* N. do E.: Sandro Magaldi e José Salibi Neto são cúmplices na vida e na criação deste livro.

A cumplicidade deve caminhar nas entranhas da empresa e de modo tão profundo que não tenha de ser expressa em declarações de missão ou em relatórios formais.

EXPERIÊNCIA EXPANDIDA

Cristiane Correa discorre sobre a cumplicidade que ela viu ocorrer entre os sócios do fundo GP Capital

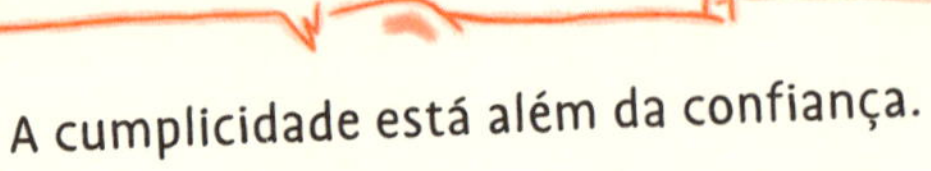

A cumplicidade está além da confiança.

Cumplicidade se traduz na interdependência de dois ou mais envolvidos para a realização de algo.

Se o relacionamento confiante leva os membros de uma equipe a **SOMAR** esforços, o relacionamento cúmplice conduz à **MULTIPLICAÇÃO** das forças de cada um.

OS 9 ELEMENTOS DA CUMPLICIDADE

1. Cumplicidade como escolha da liderança.
2. Visão compartilhada.
3. Complementaridade entre pensamentos diversos.
4. Respeito.
5. Admiração mútua que gera prazer no relacionamento.
6. Atitudes que traduzam a cumplicidade para todos, em especial da parte dos líderes.
7. Uma equipe alinhada, com potenciais cúmplices previamente selecionados.
8. Abertura e transparência incondicionais — e cultivadas permanentemente por todos.
9. Auditoria periódica de cumplicidade entre as pessoas e delas com a empresa.

Insight

#04

GESTÃO DO EGO *e outras* avenças

Alguém já pensou em contar — ou em ouvir — a história dos "Três Porquinhos" sob a ótica do Lobo Mau? É incrível como nos interessamos por histórias de sucesso, mas desprezamos ou preferimos ignorar os fracassos.

Esse viés remonta ao tempo de criança. Recorde-se das mais populares fábulas infantis e você perceberá como fomos moldados por essa visão do "final feliz". O fato é que trouxemos essa cultura ao mundo do trabalho — nosso jardim de infância adulto — e, no ambiente corporativo, esse comportamento se evidencia de forma aguda devido à forte competitividade característica desse ambiente.

É só dar uma olhada nas revistas de negócios dos mais diferentes países para confirmar essa tese. Não há como duvidar da predileção por contar histórias de pessoas e empresas que deram — ou estão dando — certo. O leitor talvez já esteja, neste exato instante, criticando e rejeitando este parágrafo: "Oras, nada mais coerente do que aprender com quem faz sucesso. Qual é o problema disso? Implicância gratuita."

Pois há problema, sim, e não é nada desprezível.

Quem fecha os olhos para os erros que ocorrem negligencia todo o ensinamento potencial ali contido. O montante de aprendizado proveniente de um insucesso tende a ser enorme; costuma ensinar mais lições valiosas do que o êxito.

Desprezar esse benefício equivale a jogar no lixo todo o esforço investido na concepção e no desenvolvimento de uma iniciativa. Não analisar equívocos significa correr o risco de repeti-los futuramente.

Essa perspectiva ganha contornos ainda mais desafiantes nesta nova era de profundas transformações, em que a certeza está em extinção.

Não à toa, um dos mantras dos empreendedores do Vale do Silício, principal cluster de inovação e empreendedorismo da atualidade, é o chamado "*fail fast*" (falhe rapidamente) e não o "*no fail*" (não falhe). A lógica é: já que sei que vou falhar, quero é que isso aconteça rapidamente para que eu possa aprender com o fracasso.

Impactados pela volatilidade da mudança, vivemos em um ambiente que nos premia com o "bônus da ignorância", cujo imperativo é ter a humildade de aprender a desaprender para aprender novos conceitos, novas teses e hipóteses para lidar com o caos.

Trata-se de uma dinâmica bem distinta do modelo tradicional de gestão e liderança no qual o líder tinha o dever e a responsabilidade de saber todas as respostas do mundo e convivia com o "ônus da ignorância", em que a metáfora que dava o tom era a do enigma da Esfinge: "Decifra-me ou devoro-te."

Até como mecanismo de proteção, essa mentalidade acabou por alimentar um monstrinho que foi se fortalecendo ao longo dos anos e contaminou boa parte da personalidade de líderes com alta exposição: a arrogância.

Por mais contraintuitivo que isso possa parecer para quem está acostumado com o ambiente empresarial tradicional, ter a humildade de aprender rapidamente ficou mesmo mais importante que tentar não errar. Esse comportamento pode ser, de agora em diante, uma vantagem competitiva importante para qualquer pessoa.

POR UM MODELO MENTAL QUE ENXERGUE O ERRO

Convocamos o leitor a desestabilizar seu modelo mental atual. Devemos entender que fracasso não é o contrário de sucesso, mas apenas consequência de uma iniciativa empresarial — ou de uma série delas. E, como o exercício da gestão é — basicamente — o exercício do aprendizado contínuo com as iniciativas gerenciais diversas, os gestores devem passar a se retroalimentar tanto com as lições dos êxitos como com as dos fracassos.

Há dois passos essenciais para mudar esse framework cultural dentro de nós mesmos. O primeiro passo é observar a atual dinâmica da sociedade e o nível de exposição dos indivíduos. Olhe atentamente a sua volta: você notará que vivemos em uma sociedade muito dirigida ao curto prazo e que tem como hábito a busca de heróis instantâneos.

O culto ao ego sempre esteve presente na sociedade, é verdade, mas o paradigma egoico tem se fortalecido muito com a onipresença das mídias digitais, que potencializou a hiperexposição de novos personagens construindo um fenômeno inédito no qual indivíduos "normais" são alçados à posição de *superstars*, conquistando uma legião de milhões de seguidores.

Muitos desses fãs comportam-se com uma sanha religiosa e defendem com garras e dentes quem ousar fazer qualquer observação negativa sobre seu ídolo. Ou seja, o caminho está fácil para que esse protagonista se sinta, ilusoriamente, imbatível e tomado pela arrogância.

No ambiente empresarial, especificamente, a explosão de jovens milionários à frente de suas startups gerou, como uma das consequências, um contato direto com o grande público que antes inexistia ali. O palco, a visibilidade e o reconhecimento fanático de legiões de fãs funcionam como um ímã para inflar egos.

A facilidade de conexão de milhões de pessoas com seus ídolos por meio das redes sociais agora existe também no ambiente corporativo e isso ajuda a criar a sensação de infalibilidade. Não à toa, alguns executivos são comparados com super-heróis (literalmente).

A melhor comparação da nova cena talvez seja com um grande reality show do tipo Big Brother corporativo. Os indivíduos conhecem em profundidade o dia a dia desses novos heróis, que expõem sua rotina diariamente por meio de suas redes sociais. Os "likes", os comentários elogiosos e o próprio número de fãs deixam o líder empresarial inebriado, e assim, muitas vezes, ele se dissocia de sua realidade, acreditando no personagem que criou e sendo incapaz de enxergar o alcance real de seus atos.

Para engrossar o caldo, acrescenta-se a essa perspectiva pessoal um componente típico do ambiente empresarial: a avidez por obter resultados financeiros no curto prazo.

A chamada "ditadura do *quarter*" (trimestre, em inglês) tem como protagonista o mercado acionário com atores que, muitas vezes, não possuem compromisso com a perenidade da companhia. Um ditado cada vez mais em voga nas empresas surgiu daí: "É mais importante o final do mês do que o final do mundo." Típica visão imediatista que dificulta o aprendizado com consistência no longo prazo.

"Super-heróis" são instados a gerar resultados em curto prazo e não podem falhar para não macular sua imagem.

Hummm... está montada a armadilha do framework cultural. E é preciso conscientização para começar a desarmá-la.

O passo número dois tem a ver com a ausência generalizada de humildade.

Se devemos adotar como prática aprender com nossas iniciativas independentemente de seu resultado (fracassado ou exitoso), isso requer um comportamento pautado pela humildade, pois nos coloca a todos na posição de eternos aprendizes.

Desaprender a aprender para aprender novos conceitos é um dos mantras da nova era. Não se trata de jogo de palavras, e sim de realismo, uma vez que a velocidade das transformações nos obriga a confrontar crenças enraizadas há tempos.

Essa postura não combina com arrogância, certo?!

Existem inúmeras definições para esse comportamento. Podemos relacioná-lo, por exemplo, a uma ambição egoísta. Ou ainda, a um senso de superioridade e certeza que excede os limites da confiança e do talento.

A arrogância é uma das causadoras da supervalorização do ego, que, assim, é um inimigo mortal do real insight criativo, do trabalho colaborativo e da construção da lealdade e engajamento junto a seus colaboradores.

Os impactos desse padrão de comportamento dos líderes de negócios são incontestes. O consagrado pensador Jim Collins, que tem dedicado sua carreira a pesquisas que desvendem os segredos das empresas que crescem e duram, focalizou, em seu livro *Como as Gigantes Caem*, justamente uma visão sobre como organizações poderosas fracassam — questão particularmente valiosa de entender nesta nova era, quando observamos altos índices de mortandade entre as empresas. Segundo estudos da Standard & Poors, a expectativa média de vida de uma empresa em 1937 era de 75 anos. Atualmente, é de 15 anos.

O grupo de organizações extintas inclui multinacionais poderosas, gigantes que eram sinônimos de sua categoria, exemplares imbatíveis da modernidade corporativa liderados por superexecutivos.

O que está acontecendo com essas organizações?

Algumas simplesmente somem. Outras são compradas. Há as que se fundem com outras empresas.

Porém um fato é comum a todas: sob a ótica da longevidade do negócio, todas deixaram de existir. A pergunta que surge dessa constatação é óbvia: por quê?

Por mais paradoxal que possa parecer a resposta, elas fracassam devido ao seu sucesso. Isso mesmo. Como diz Jim Collins: "A crise obriga as empresas a ter foco. A prosperidade não."

A pesquisa do autor apresenta os cinco estágios do declínio de uma empresa, que reforçam essa visão sobre o fracasso:

1. **Excesso de confiança originado pelo sucesso.** O sucesso cega as empresas e seus líderes, que simplesmente ignoram fatores que serão fundamentais para o fracasso de seus negócios. É a arrogância influenciando o sistema de pensamentos da organização.

2. **Busca indisciplinada pelo crescimento.** Até como consequência da cegueira do sucesso, as empresas acabam por buscar o crescimento pelo crescimento, a todo custo, abdicando de estratégias mais consistentes orientadas à perpetuação do poder.

3. **Negação do risco.** A prepotência dá as cartas novamente, e os líderes do negócio ignoram os riscos que surgem e procuram culpados externos para os insucessos pontuais em vez de avaliar seu negócio com coragem e profundidade.

4. **Corrida pela salvação.** Esse já é um dos estágios avançados do declínio, no qual a crise já se evidencia por toda a organização, não sendo possível ocultar sua presença. Segundo Collins, quando se encontra nessa situação, a empresa tende a buscar a "solução mágica". Essa solução pode ser a contratação de um novo presidente, a fusão com outra companhia, o desenvolvimento de um novo modelo de negócio ou qualquer outra solução única que, acredita, vai colocá-la de volta nos trilhos.

5. **Irrelevância ou morte.** Estágio final do declínio. A organização fica muito tempo estacionada no estágio 4 e não consegue se recuperar. A consequência mais comum nesses casos é simplesmente o fechamento das portas ou a venda da operação. O resultado final é claro: o negócio fracassou irremediavelmente.

Note que o início do fim vem com a prepotência e arrogância pelo sucesso alcançado. Um buraco começa a ser cavado no exato momento em que uma empresa ou executivo começam a ser bem-sucedidos e, logo mais, será coberto de folhas. É a chamada "armadilha da arrogância" e muitos nem conseguem notar que há algo diferente ali no caminho.

Cegos pelo seu êxito e pelos crescentes elogios alheios, executivos têm seus egos inflados, podem achar que já sabem tudo e se esquecem de fazer o básico, de aprender a cada dia, de ficar atentos às futuras adversidades. Assim pouco a pouco, e de forma quase imperceptível em um primeiro momento, a arrogância se impõe e, quando já não há mais tempo para reação, dá seu bote final.

GESTÃO DO EGO (E ESTUDOS DE CASO)

Tendo como foco a longevidade de nossos empreendimentos e carreiras, tivemos mais um insight que as escolas de negócios não ensinam: indo além de um novo modelo mental, devemos desenvolver uma visão orientada à gestão do ego nas organizações, que materialize de modos específicos os dois passos de mudança do modelo mental. Trata-se de um método antídoto para o veneno da prepotência, que garante a humildade para o desenvolvimento de um novo modelo mental mais adaptado aos dias atuais.

Como fazer isso?

Primeiro vamos dar uma boa olhada naqueles que lideraram negócios longevos e nos oferecem lições incontestes de humildade e de seus benefícios para a nossa evolução e a das nossas empresas.

Veja o caso do principal pensador de todos os tempos do management mundial, Peter Drucker, figura — não à toa — quase onipresente nesta obra.

Em seu aniversário de 90 anos estavam presentes os presidentes das principais organizações do mundo. Drucker tinha tudo para considerar que seu legado estava completo e se regozijar por tudo que já havia construído.

Porém, até as vésperas de seu falecimento, aos 95 anos, estudava sem parar temas que iam do mundo da gestão à antropologia, uma de suas paixões.

O "guru dos gurus" tinha um método próprio para aquisição de conhecimento. A cada cinco anos, selecionava um tema que entendia ser relevante para seu desenvolvimento e comprometia-se a, no final desse período, ter desvendado todas suas principais facetas.

Sempre que questionado sobre seu legado, Drucker respondia humildemente que era apenas um velho jornalista.

Não por acaso, a obra de Peter Drucker continua mais atual e reconhecida do que nunca, enquanto muitos pensadores iludidos com o sucesso momentâneo acharam que sabiam tudo e tiveram trajetórias meteóricas — do céu ao inferno em anos, às vezes, meses. Só mesmo à custa de muito trabalho, dedicação e humildade para aprender sempre é que é possível a evolução com consistência.

Mudando do mundo acadêmico para o ambiente corporativo temos outro estudo de caso que nos traz muitas lições: o lendário Sam Walton, fundador do Walmart, grupo de supermercados que, sob sua liderança, tornou-se um ícone mundial dos negócios.

Sam Walton pautou sua vida pela simplicidade. Lavava seu próprio prato após as refeições e fazia questão de acompanhar pessoalmente cada movimento de seu negócio.

Entendendo o desafio que representava o crescimento da empresa e o alinhamento de todos profissionais, estabeleceu um conjunto de regras que serve como guia para todo executivo da organização que fundou.

Três desses princípios ilustram bastante bem o foco de Sam Walton:

→ Comprometa-se a atingir o sucesso e não abandone a paixão pelo que faz.

→ Compartilhe o sucesso com todos que o ajudaram.

→ Valorize e reconheça os esforços das pessoas e os resultados obtidos.

O combate à sofisticação exagerada e o foco em simplificar tudo sempre estiveram presentes nos atos de Sam Walton também, não apenas em seu discurso.

O pioneiro do Walmart acreditava, sobretudo, no poder de estar sempre com a "mão na massa". A empresa foi uma das primeiras corporações norte-americanas a ter em seus ativos um avião particular.

Ao contrário de um símbolo de ostentação, Sam Walton utilizava esse recurso para visitar todas as lojas e observar de perto tudo o que acontecia.

Um dos maiores riscos provenientes da prepotência é justamente acreditar que, depois do sucesso, não é necessário mais acompanhar o dia a dia do negócio, estar atento ao que acontece no "chão de fábrica".

Ledo engano.

Esse acompanhamento se torna mais relevante quando do êxito da organização, pois visa preservar a cultura vencedora, além de observar as tendências e riscos do negócio. Humildade para o aprendizado.

Sam Walton apostava em aprender sempre, e uma das evidências disso era sua incansável disposição em monitorar tudo o que seus concorrentes e outras empresas faziam para poder adaptar e aprimorar ideias para seu negócio. Em sua autobiografia, ele afirma: "Quase tudo que fiz, eu copiei de alguém." Exemplo? Sam Walton descobriu o sistema de caixas centralizados ao visitar um concorrente em uma viagem de 800 quilômetros em 1951 (até então o sistema predominante no Walmart era o de caixas separados por seção).

Essa quase obsessão de Sam Walton por observar atentamente tudo o que acontecia com seus concorrentes rendeu uma história curiosa aqui no Brasil. Em uma de suas visitas ao país, Walton foi flagrado por seguranças da rede de supermercados Carrefour medindo os espaços das gôndolas de prateleiras em uma loja no Rio de Janeiro. Estranhando a cena, os guardas detiveram aquele senhor norte-americano que não conseguia se expressar em português para explicar suas intenções. Quem salvou sua pele foi seu amigo brasileiro Jorge Paulo Lemann, que interveio no conflito mostrando que havia sido um mal-entendido.

Aliás, a poderosa trinca do poderoso Fundo 3G reconhece explicitamente a influência de Walton na formação da cultura vencedora do grupo, que estabeleceu um marco na história dos negócios no Brasil. Os três sócios — Jorge Paulo Lemann, Marcel Telles e Beto Sicupira — sempre tiveram humildade para buscar referências externas que tornassem sua gestão melhor.

Uma evidência desse comportamento aconteceu em 2017, quando Lemann assombrou a audiência em um evento corporativo ao afirmar que se sentia "um dinossauro apavorado" diante das transformações pelas quais passa o mundo. Só mesmo alguém que não se deixa levar pelo canto da sereia da arrogância consegue ter o desprendimento de fazer uma declaração pública acerca de seus medos e receios.

É emblemático que isso ocorra com gestores provenientes do setor financeiro, reconhecido pelo excesso de individualismo de seus executivos e predominância de egos inflados. Para eles, em prol do negócio, a individualidade abre espaço para o trabalho orientado ao bem comum — nesse caso, a organização.

Humildes para aprender, os gestores do 3G reconhecem que beberam de diversas fontes — além da experiência de Sam Walton — para construir a cultura organizacional mais representativa do cenário empresarial nacional. Eles criaram uma lista de princípios citada no Insight #1, a maioria dos quais relativos a pessoas. E, assim, escaparam de outra armadilha preparada pela prepotência com o sucesso: relegar os funcionários a segundo plano. Eles sabem, e fazem questão de lembrar para todo mundo o tempo todo, que quem gera resultados nas empresas são as pessoas, não o executivo talentoso (e cego por ele). Todas as adulações e paparicos dos seus seguidores, parceiros de negócios e da imprensa especializada fortalecem essa percepção da infalibilidade. Isso é extremamente perigoso; é o começo do fim.

Voltando a Sam Walton, existe uma frase emblemática sobre sua visão a respeito das pessoas. Ele dizia: "Grandes líderes mudam de estilo para levantar a autoestima de suas equipes. Se as pessoas acreditam nelas mesmas, é impressionante o que elas conseguem realizar." A função primordial do líder é comprometer-se com a evolução de cada componente de seu time, pois, agindo dessa forma, estará comprometido com o sucesso da organização. Trocando em miúdos, muitas vezes o líder precisará abdicar de determinados comportamentos em prol da evolução das pessoas.

Esse comportamento não combina com excesso de individualismo e culto ao indivíduo. Se temos exemplos emblemáticos dos caminhos que líderes adotam para fugir dessa arapuca, a contemporaneidade nos traz contraexemplos muito simbólicos dos efeitos nocivos de protagonistas do ambiente corporativo que ainda não entenderam essa lógica.

Um dos líderes que não consegue se desvencilhar das manchetes que envolvem seu nome é Elon Musk. O empreendedor, que fez fortuna ao vender o PayPal, startup de que era sócio, e que está à frente de uma série de empreendimentos de muito impacto, foi alçado ao panteão dos heróis corporativos da atualidade. Ele tem a Tesla, que produz automóveis elétricos; a SpaceX, que se dedica à exploração espacial; a Solar City, que atua no negócio de energia solar; e The Boring Company, de mobilidade em alta velocidade, entre outras reluzentes companhias dos novos tempos.

Todo esse destaque não acontece por acaso, claro — seus projetos têm alcançado feitos memoráveis. Exemplo disso é a construção de uma nova matriz de desenvolvimento para os automóveis elétricos, que se transformaram em um dos objetos de desejo da nova economia no mundo. Outro exemplo é o fato de a SpaceX ter sido primeira empresa privada a colocar uma aeronave em órbita e recuperá-la com êxito. Sem mencionar as novas possibilidades de mobilidade por trens de alta velocidade em túneis especiais, capazes de transportar indivíduos entre cidades como Nova York e Washington em menos de meia hora.

Ao mesmo tempo em que lida com todos esses êxitos, no entanto, Musk é assombrado por uma série de comportamentos pessoais que fogem ao bom senso. Em uma sucessão de confusões que aconteceram durante poucos meses, o empreendedor ofendeu publicamente, em uma reunião com investidores, um analista que questionou os números da Tesla; tuitou que pretendia fechar o capital da Tesla na bolsa de valores recomprando as ações a US$420 cada, "coincidentemente" o mesmo número simbólico na cultura da Cannabis; chamou de pedófilo um mergulhador experiente que discordou de seus planos de levar um submarino para salvar os garotos presos na gruta da Malásia; foi acusado por uma rapper de ter confiscado seu celular em uma suspeita festa particular com sua namorada e por aí vai. Para aumentar a polêmica, Musk ainda articulou uma série de ações de relações públicas e, em uma delas, acendeu um cigarro de maconha, cena que foi compartilhada em todo o mundo.

Realmente Elon Musk tem uma personalidade intensa, porém essas passagens mais parecem ser egressas de um site ou revista de fofocas de celebridades do que da trajetória de um importante líder empresarial que tem a responsabilidade pela condução de milhares de colaboradores e negócios de alto impacto. E, não poderia ser diferente, as consequências dessas passagens têm sido quase imediatas.

Como o mercado de ações nos Estados Unidos é altamente regulamentado, a Securities and Exchange Comission (SEC), responsável pela fiscalização dos movimentos das organizações listadas em bolsa no país, abriu uma investigação sobre o fato de o principal líder da Tesla ter ensaiado um movimento de fechamento de capital sem consulta ou comunicação formal ao mercado. Como a maioria de nós bem sabe, nenhum

CEO pode tuitar em uma rede social uma informação que influenciará na demanda pelas ações da companhia que lidera. Pior: nem o conselho de administração da Tesla havia sido informado desses planos.

Pegos de surpresa, os conselheiros da montadora deixaram escapar em público sua preocupação com a saúde mental do empreendedor, devido à sua dificuldade de controlar emoções e de lidar com cenário de extrema pressão. Rumores dão conta de que o conselho iniciou a busca de um novo executivo, inclusive. Não para substituir Elon Musk, mas para vigiá-lo. O board da Tesla está fazendo a gestão do ego de seu líder estelar, ainda que com certa demora.

Se outrora Elon Musk era comparado com o empresário Tony Stark, mais conhecido como o Homem de Ferro, agora sobram comparações com um empreendedor bem menos unânime — Donald Trump. Para o jornalista Bret Stephens, do *New York Times*, Elon Musk é o "Donald Trump do Vale do Silício".

Outro caso similar de ego exacerbado parece ser o de Travis Kalanick, cofundador da Uber. Em uma trajetória que lembra a de Musk, Kalanick esteve envolvido, no espaço de poucos meses, em uma série de escândalos e passagens pouco ortodoxas. Entram nessa lista denúncias de assédio sexual contra executivas da companhia, uma discussão com motorista de Uber devidamente filmada e compartilhada nas redes sociais e roubo de informações empresariais, além de suspeita de fraudes a sistemas de fiscalização em alguns mercados em que o serviço estava proibido.

Por muito tempo, Kalanick não demonstrou muita preocupação com esses escândalos e, inebriado por sua posição de destaque em uma das startups mais bem-sucedidas do mundo, deu a entender que era um intocável.

Esse não foi o entendimento dos membros do conselho de administração da Uber, que se uniram para sentenciar seu afastamento da presidência da empresa que ajudou a criar.

Na mensagem que enviou aos colaboradores da organização, Kalanick faz uma autoanálise, informa sua licença e promete voltar melhor: "Para que a Uber 2.0 possa ter sucesso, não há nada mais importante do que dedicar tempo à construção de um time de líderes. Mas, se vamos trabalhar nessa Uber 2.0, eu preciso trabalhar no Travis 2.0, para que ele se torne o líder que a companhia precisa e que vocês merecem."

Chegaria a esse ponto se tivesse havido uma gestão do ego no âmbito da Uber?

É para evitar esse risco que as organizações e seus líderes devem fazer uma gestão de ego e criar o que estamos chamando de "Tratado Antiarrogância".

Tratado Antiarrogância

Não nos iludamos: qualquer um de nós pode cair na armadilha dos egos inflados. É ingenuidade afirmar que você nunca padecerá desse mal. A valorização do ego está sempre presente em nós, em menor ou maior intensidade. É apenas uma questão de intensidade.

A autoconfiança é fundamental para o êxito de qualquer indivíduo, mas, em excesso, ela prejudica. É como a vacina que, na dose errada, vira um veneno para o nosso organismo. A autoconfiança é uma vacina e, quando em excesso, transforma-se em veneno — que se expressa na arrogância. O ego pode ser um vetor para o seu desenvolvimento pessoal, mas, para isso, é necessário controlá-lo, direcioná-lo e subordiná-lo a algo maior. É necessária diligência para fazer tudo isso.

Um cuidado essencial nesse processo é sua capacidade de autoconhecimento e auto-observação. E um segundo cuidado é cercar-se de quem tem a coragem de dizer as coisas como são. Em todos esses casos de consequências negativas que repassamos, chama a atenção o fato de ninguém alertar esses líderes sobre os riscos de seus comportamentos.

Esses dois itens devem fazer parte do seu Tratado Antiarrogância. E você ainda pode acrescentar o conto dos Irmãos Grimm, *O Rei Está Nu*, que ajuda a ilustrar o problema. De forma bem sintética, a história versa sobre um rei muito vaidoso e arrogante que espalha o medo entre seus súditos com suas explosões de autoritarismo. Para celebrar uma grande festa, convida os principais alfaiates do reino para produzir a vestimenta mais bela que o mundo já viu. Um falso alfaiate, muito astuto, percebe o ego exacerbado do rei como sendo sua fraqueza e o explora. Ele se apresenta como o melhor artista do planeta, convence o rei de suas qualidades afagando seu ego e começa a produção de uma peça de vestuário que só poderia ser vista a olho nu por aqueles que têm dons especiais — mas a peça não existe. Sempre que a equipe do rei vai acompanhar a evolução do projeto, o alfaiate malandro descreve a peça com características únicas, e todos fingem enxergá-la.

O ápice da história acontece quando, no momento do grande evento, o rei aparece perante seus súditos da forma como veio ao mundo — nu. Por que ninguém alertou ao soberano que ele estava equivocado? Por que não houve alguém mais próximo ao rei que tivesse a iniciativa de desbaratar aquela fraude?

Essa metáfora, quase centenária, diz respeito a um dos efeitos mais nocivos da arrogância e da prepotência: ela desautoriza qualquer visão que seja diferente daquela definida como a correta; a essência da natureza da relação entre o líder e as pessoas que o cercam, nesse caso, é o medo e não o legítimo compartilhamento de opiniões e ideias. Forma-se, então, um círculo vicioso e perverso, em que ninguém alerta o líder sobre os riscos e incoerências de seus atos — as pessoas ficam inseguras quanto à sua reação. Isso explica por que tanta gente qualificada tem tantos comportamentos inexplicáveis.

Em todos os casos de ego inflado que analisamos, evidenciam-se sobre a organização os efeitos colaterais do isolamento proveniente da arrogância e o pagamento de um preço pessoal pelo líder — por meio de depressões, manias, solidão extrema e até processos de autodestruição inconscientes.

Histórias de líderes egocêntricos que são bem-sucedidos constituem exceção à regra. Falamos em Musk e Kalanick, e podíamos falar em Steve Jobs, cofundador da Apple, também. O sucesso dos três só veio porque outros comportamentos e talentos seus se sobrepuseram pragmaticamente ao ego.

No caso de Jobs, por exemplo, o empreendedor aprendeu a duras penas os efeitos da arrogância quando foi afastado, compulsoriamente, da empresa que fundou (a Apple). Ele retornou mais forte do que nunca — com a convicção de que o mais relevante de toda jornada era a organização e não seu ego. Em seu retorno foram cunhadas as bases que levaram a organização a atingir a memorável marca de maior empresa do planeta, com um modelo de negócios único que a levou a ser a primeira companhia da história a atingir um valor nominal de mercado acima de U$1 trilhão (dados do 2º semestre de 2018).

Queremos repetir à exaustão: o risco de ter um ego inflado nunca compensa. Além disso tudo que foi mencionado, a arrogância coíbe a criatividade e inovação. É por isso que toda empresa deveria criar um Tratado Antiarrogância.

Tal qual Drucker, Sam Walton e os empreendedores da AB InBev, é importante ter a crença na humildade de aprender como vetor fundamental para o crescimento, e isso precisa estar explicitado no Tratado Antiarrogância. Você pode até citar o pensador Jim Collins, que em outro best-seller, *Empresas Feitas para Vencer*, apresenta uma visão de liderança que fortalece essa tese.

A obra é fruto dos estudos do autor sobre quais os motivos que fazem empresas serem longevas e crescerem consistentemente. Um dos conceitos elaborados por ele é a "pirâmide da liderança", que apresenta uma hierarquia do líder de sucesso.

Essa hierarquia tem cinco níveis: no nível 1 as capacidades individuais do líder são valorizadas; no nível 2 destacam-se as habilidades de desenvolvimento de equipes; no nível 3 a administração é ressaltada; e no nível 4 prevalecem os talentos de liderança. E no nível 5? É no último e mais importante nível dessa hierarquia que Collins sentencia a visão mais alinhada com nossa tese: o líder nível 5 reúne todas as capacidades anteriores e, além delas, tem humildade.

Segundo os estudos de Collins, os executivos que lideraram empresas bem-sucedidas foram aqueles que aliaram a vontade de vencer com a humildade para aprender continuamente. Se possível, inclua a palavra humildade toda em letras maiúsculas e em negrito em seu Tratado.

RESISTÊNCIA EM TEMPOS DE GUERRA

Não almejamos aqui dar uma importância maior aos fracassos do que aos sucessos, que fique claro. Mas queremos alertar o leitor para o fato de que fracassos também ensinam e, sobretudo, de que a arrogância proveniente do sucesso pode cegar as pessoas, fazendo-as perder o senso da realidade.

De novo: muitos executivos e empresas ficam tão impressionados com suas próprias realizações que não conseguem nem imaginar um mundo onde estejam em declínio. A atitude prepotente e arrogante leva as pessoas e a organização para a zona de conforto, pois não se crê na necessidade de evolução constante e de atenção à mudança — e perde-se o senso de urgência que tão bem caracteriza as empresas em franco crescimento.

É necessário um estado de alerta permanente para não cair na armadilha do sucesso — e a formalização disso em um processo de gestão do ego e no Tratado Antiarrogância pode ser muito útil. A humildade nesse contexto é um imperativo para que haja uma cultura de evolução constante e menor risco de obsolescência. Assim, sucesso e fracasso são e devem ser percebidos como faces da mesma moeda e como fontes de aprendizado similares.

Com a velocidade das mudanças que enfrentamos hoje, perder o senso de urgência e se acomodar com os louros da vitória acreditando em sua (falsa) infalibilidade é o mesmo que ingressar de peito aberto em um território em guerra. Se tiver muita sorte, você sairá só com alguns ferimentos graves. Porém o mais provável é que você não resista.

A escolha é sua.

EXPERIÊNCIA EXPANDIDA

Geraldo Rufino, fundador da JR Diesel e autor de *O Catador de Sonhos* propõe tratados contra a prepotência

FRACASSO NÃO É O CONTRÁRIO DE SUCESSO.

É NECESSÁRIO MUDAR O FRAMEWORK CULTURAL QUE:

- Hipervaloriza o culto ao indivíduo.
- É carente de humildade.

Nesses novos tempos é imperativo ter a humildade de aprender a desaprender para aprender novos conceitos, novas teses e hipóteses para lidar com o caos.

A ARROGÂNCIA É UMA DAS CAUSAS DA SUPERVALORIZAÇÃO DO EGO.

COMO DESENVOLVER UMA VISÃO ORIENTADA À GESTÃO DO EGO:

1. Humildade para aprender.
2. Exercitar a liderança genuína.
3. Investir no autoconhecimento e observação de si mesmo.

Criar um Tratado Antiarrogância.

Insight
#05

A ASCENSÃO DAS *alianças* estratégicas

Infelizmente, o mundo corporativo é pródigo em utilizar termos de forma errada e tão indiscriminada que chega a distorcê-los e até a esvaziá-los de sentido. Por exemplo, os mais veteranos se recordam de quando houve a onda da "reengenharia", não? As organizações batizavam, equivocadamente, toda iniciativa de demissões em massa ou enxugamento de estrutura como reengenharia do negócio. Assim, era uma vez uma ferramenta gerencial relevante que acabou caindo em descrédito.

A ideia de parceria de negócios corre o mesmo risco. Cada vez mais fornecedores declaram ter como foco desenvolver uma parceria com seus clientes. Não importa se a base desta seja a mera troca de um bem por uma compensação financeira sem qualquer valor agregado no processo.

Ao que tudo indica, temos aqui mais um caso de uso errôneo de uma formulação importante — o que é uma pena em se tratando de um conceito tão relevante, porque isso pode fazê-lo ser rejeitado antes de experimentado por muitas empresas.

Afinal, do que se trata uma parceria para valer? Essa prática realmente tem relevância?

Parceria tem sua origem na palavra "todo, porção" em latim. Em uma tradução livre, parceria seria a "porção que se transforma no todo". Assim, uma parceira de negócios, em sua essência, significa a união de partes que, juntas, constroem um todo maior do que ele seria se continuassem separadas.

Até soa como algo místico, não é?!

Vale dar uma boa olhada nas parcerias de sucesso que nossas organizações já desenvolvem com clientes e fornecedores e notaremos que, quando o processo está alinhado com a essência do termo, o valor criado transcende a soma das partes individuais.

Em uma metáfora tomada por empréstimo da matemática, é quando 2 + 2 = 5 (ou 6, 7, 8...). Tal qual no conceito de cumplicidade entre pessoas, quando uma parceria entre empresas é desenvolvida em profundidade, o valor criado pela união das duas cresce exponencialmente, gerando resultados extraordinários para todas as partes envolvidas.

A relevância da estratégia de parcerias cresceu — e tende a crescer muito mais — devido às transformações que abalam os alicerces do atual ambiente empresarial. No livro *Gestão do Amanhã*, de nossa autoria, apresentamos uma visão essencial para entender esse novo ambiente de negócios que diz respeito a uma nova perspectiva no modelo gerencial clássico.

Tradicionalmente, as organizações cresciam tendo como principal vetor estratégico a obtenção de economia de escala em seus negócios, o que era possível graças à verticalização de suas cadeias de valor. Dominando, gradativamente, todas as camadas do negócio. Por meio da posse de ativos físicos, os grandes conglomerados de outrora adquiriam novas companhias ou formavam novos negócios que iam da obtenção da matéria-prima necessária ao processo inteiro até a distribuição de seus produtos e serviços a seus clientes.

É famosa a história de que a Ford Motors, uma das maiores organizações do século XX, era proprietária de fazendas para criação de ovelhas que produziam a lã utilizada nos assentos dos seus automóveis, além de empresas de minérios de ferro e carvão que manufaturavam a matéria-prima utilizada em seu produto final.

Essa lógica dominou o pensamento estratégico das últimas décadas e culminou com a formação de conglomerados que praticaram economia de escala por meio do controle da produção, gerando um ciclo "mais vendas, menores custos".

Com a democratização do acesso à tecnologia, aliada ao incremento do poder computacional existente no mundo, essa lógica deixou de ter a eficiência do passado. As organizações que protagonizam o novo ambiente empresarial conseguem obter escala sem dominar suas cadeias de valor; em vez disso, elas influenciam suas cadeias de valor.

Hoje, mais valioso que possuir ativos físicos é uma empresa possuir influência sobre uma rede poderosa de agentes que realizarão inúmeras interações em seu ambiente e, dessa forma, gerar dividendos recorrentes e vultosos para seus acionistas sem ter feito os investimentos proporcionais (sem ter de construir fábricas, pontos de venda e outras estruturas físicas em geral para dar conta do aumento do tamanho do projeto).

PARCERIAS E PLATAFORMAS

É dessa dinâmica que emergiu o conceito das empresas baseadas em plataformas digitais. Esse tipo de estratégia define que o proprietário de uma plataforma de negócios viabiliza interações entre agentes que atuam como produtores e consumidores de informações (podem ser conteúdos, produtos ou serviços). A estrutura e as regras de funcionamento da plataforma são definidas pelo seu proprietário, que fica com parte do ganho obtido nas relações monetárias que acontecem dentro de seu espaço.

O caso Apple

A empresa precursora dessa modelagem foi a Apple, que a inaugurou com o lançamento do iPod em 2001 e transformou a companhia em uma das mais vibrantes plataformas de negócios do mundo em 2007, com o lançamento do iPhone.

Como pouca gente percebeu na época, por trás daqueles aparelhinhos magníficos estava sendo estruturada uma plataforma que une desenvolvedores de aplicativos de um lado com usuários que se transformaram em vorazes consumidores de aplicações e serviços.

Desde a sua fundação, a Apple Store gerou U$100 bilhões de receita aos seus mais de 20 milhões de desenvolvedores (dados de 2018), o que sinaliza uma plataforma de negócios bastante poderosa.

Atualmente (2019), das cinco empresas de maior valor de mercado do mundo (Apple, Amazon, Google, Microsoft e Facebook), apenas uma não adota integralmente esse modelo como estratégia central em seu negócio — a Microsoft. Mesmo assim, em alguns projetos dos quais é proprietária ou líder, a empresa já pratica esse conceito como vetor estratégico — nos referimos a iniciativas do segmento de games, por exemplo, e do LinkedIn, adquirido por ela em 2016.

A estratégia da empresa baseada em plataformas é alavancada pelo chamado efeito de rede. De acordo com esse conceito, o poder de um ambiente ganha valor adicional à medida que mais pessoas passam a utilizá-lo. A empresa que conseguir atrair mais pessoas para sua rede tem uma vantagem competitiva em relação a seus concorrentes mesmo sem deter o controle total seu ciclo produtivo.

Quanto maior a rede, maior serão as interações entre seus participantes. Quanto mais interações, mais valiosos são os dados gerados que podem ser usados para aumentar as interações e gerar mais valor à rede. Quanto maior o valor gerado, maior a perspectiva de geração de receita a custos de aquisição de cliente e de manutenção da rede decrescentes. Esse é o novo círculo virtuoso da nova economia.

O caso da Apple ilustra, na prática, essa realidade. Atualmente, mais de 500 milhões de pessoas navegam pelos apps de suas plataformas semanalmente. O efeito de rede fica comprovado quando vemos que, do total histórico de faturamento gerado nesse ambiente, 30% aconteceram entre junho de 2017 a junho de 2018. Isso representa uma receita de US$30 bilhões para os desenvolvedores.

Por sua vez, a Apple, como organização proprietária da plataforma, abocanha 30% de toda a receita gerada pelo negócio. Assim, nesse mesmo período, a organização registrou uma receita de cerca de US$12 bilhões que cresce exponencialmente, como demonstra a evolução da plataforma. Assim, ter influência sobre uma rede de agentes composta por clientes, parceiros e outras organizações é mais relevante e rentável do que deter ativos físicos. Os investimentos incrementais necessários para a Apple dar conta dessa escalada de crescimento são infinitamente menores do que os necessários se sua estratégia estivesse baseada na lógica de ganho de escala por meio da verticalização de sua cadeia de valor.

“

Quanto maior a rede, maior serão as interações entre seus participantes. Quanto mais interações, mais valiosos são os dados gerados que podem ser usados para aumentar as interações e gerar mais valor à rede. Quanto maior o valor gerado, maior a perspectiva de geração de receita a custos de aquisição de cliente e de manutenção da rede decrescentes. Esse é o novo círculo virtuoso da nova economia.

O leitor entendeu o porquê de as parcerias serem alçadas a outro patamar nesse novo ambiente estratégico? Parceiros estão entre os atores fundamentais para o desenvolvimento de plataformas poderosas. Sem os desenvolvedores de aplicativos, por exemplo, o negócio da Apple não existiria dessa forma, com essa lucratividade. Outros parceiros são os motoristas autônomos da Uber, os milhões de proprietários de imóveis do Airbnb, as cerca de 40 mil academias de ginástica da GymPass (dados de 2018), os milhares de restaurantes associados ao iFood e assim por diante.

Ser capaz de atrair para seu negócio parceiros de valor está na essência das novas estratégias desse ambiente em transformação. Essa dinâmica faz com que arranjos impensados no passado transformem-se em um imperativo para a sobrevivência de grandes corporações no presente. Eles são um recorte e uma evolução — imprevista, talvez — da própria cadeia de valor.

Os marketplaces

Um tipo de plataforma que merece um comentário à parte são os marketplaces online. Esse espaço funciona como um shopping center virtual, apoiado em uma plataforma digital; ele divulga e comercializa produtos de diversas empresas, os chamados "sellers". A Amazon é um marketplace e possui, em todo o mundo, cerca de 1 milhão de sellers, dos mais diferentes portes, que a utilizam como canal de venda para uma infinidade de itens. Em 2018, a Amazon dominou cerca de 50% de todas as operações de e-commerce dos Estados Unidos movimentando mais de US$200 bilhões em vendas; metade disso está na mão dos sellers independentes.

O instigante nessa estratégia é que não são todos os itens comercializados com exclusividade pelos operadores independentes. Em um marketplace existem situações em que o proprietário da plataforma também atua como seller. Assim, em um movimento inimaginável para o receituário tradicional do ambiente empresarial, concorrentes coabitam o mesmo espaço e geram resultados mútuos.

Vale a pena para todos os agentes aceitar a competição dentro de seu próprio ambiente? Vale. O fato de haver mais ofertas disponíveis na plataforma gera mais tráfego, o que, como consequência, gera mais vendas a todos. O poder da parceria é tão grande que ela derruba crenças tradicionais e constrói novos arranjos que se mostram bem-sucedidos. O valor entregue na parceria é maior do que aquele que cada uma delas consegue criar.

Essa, e nenhuma outra, é a base de uma verdadeira parceria de valor: a crença de que, quando as empresas parceiras estão juntas, o valor agregado é muito maior do que seria na simples soma de seus esforços individuais. Também é importante frisar que o valor da parceria não está contido em nenhum dos parceiros de negócios, mas na interseção entre os parceiros. O valor está na fronteira.

Mas agora pedimos licença para rebatizar as parcerias de valor. Uma companhia pode ter diversos níveis de relacionamento com clientes e fornecedores; nem todos precisam ser parcerias de valor — um fornecedor pode ter uma relação mais transacional com empresas clientes, mesmo que seja uma ótima relação transacional. Se você atua em um setor de commodity, por exemplo, pode ser que seu relacionamento com a maioria dos participantes seja meramente transacional; se você atua em um setor mais complexo, a tendência é que esse processo de parceria lhe seja mais importante. Diante disso, propomos que todas as parcerias de valor sejam nominalmente diferenciadas como "alianças estratégicas".

QUATRO CONDIÇÕES *SINE QUA NON*

Para que a aliança estratégica ocorra em sua plenitude, e para que o relacionamento gere o melhor resultado possível, há algumas condições:

- → Seleção de parceiro pelo perfil e pela confiança mútua.
- → Mudança de mentalidade de todos nas organizações.

- Transferência de conhecimento.
- Afinidade de visões das empresas que permite compor uma terceira identidade comum.

Há mais uma quinta condição, que de tão especial será explorada separadamente, mais adiante.

A primeira característica de uma aliança estratégica é, sem sombra de dúvida, a confiança mútua. Uma parceria desse nível é um relacionamento entre partes e, como em todo relacionamento, se não houver confiança, as partes despenderão mais tempo no desenvolvimento de controles (para se certificarem de que ninguém está passando ninguém para trás) do que pensando em estratégias de criação de valor.

Nossa recomendação na seleção de parceiros, portanto, é a seguinte: mesmo tendo a crença de que uma parceria pode adicionar um valor extraordinário às empresas, se não houver confiança, não siga adiante. Essa máxima vale para alianças com clientes, fornecedores, empresas do mesmo setor, enfim, deve ser uma condição absoluta e inegociável.

Companhias que levam a visão de aliança estratégica às últimas consequências, como no caso da Toyota, ilustram muito a importância da confiança para selecionar o parceiro. A empresa foi uma das primeiras companhias do mundo a encarar seus fornecedores como sócios. Isso ocorreu há mais de 60 anos, quando a companhia reinventou seu processo produtivo desenvolvendo o famoso Sistema de Produção Toyota.

A colaboração com os fornecedores visa melhorar a competitividade de toda cadeia de valor para benefício geral. Uma estratégia que ilustra, na prática, essa visão da organização acontece nas fábricas com as reuniões frequentes na *obeya* (grande sala, em japonês), onde todos se reúnem para decidir sobre melhorias no processo de produção da organização. Cada detalhe dos componentes dos veículos, processo e logística é avaliado, visando encontrar formas de melhorar a qualidade e os custos envolvidos.

Participam dessas reuniões os trabalhadores, os líderes e os fornecedores da organização.

Assim, quando se fala em ganhos em todo processo produtivo, essa reflexão se inicia com a presença ativa do fornecedor na empresa compradora, e não por meio do processo tradicional de negociação em que a companhia simplesmente comunica a esse agente que é necessária uma redução do preço de seu produto para determinado patamar requerido. Nota-se, portanto, que a aliança estratégica precisa envolver uma mudança de pensamentos, comportamentos e visões de mundo de todos nas organizações.

Chegamos, portanto, à segunda condição de uma aliança estratégica: a mudança de mentalidade. Muda a conduta do fornecedor que, baseado em uma relação de confiança, encara o cliente como um sócio e deixa de se comportar como uma empresa simplesmente focada em extrair o maior valor financeiro da relação, sem compromisso com os impactos da prática para o seu futuro e da empresa compradora. E muda também o comportamento do cliente, que, por sua vez, abre mão das práticas de pressão para uma orientação mais estratégica.

Há alguns anos, em entrevista ao jornal *Valor Econômico*, o gerente de compras da Toyota na época afirmou que "se é para pegar cotação com três fornecedores e escolher o que tem o preço mais baixo, eu não preciso ter gente de compras para fazer isso". Os profissionais da área de compras da Toyota têm o compromisso de conhecer o negócio de seus fornecedores e de buscar, junto com eles, desenvolver as melhores práticas para que toda a cadeia lucre no processo. A Toyota ensina suas práticas aos fornecedores selecionados e consegue lhes transferir seu conhecimento.

A transferência de conhecimento é a terceira das condições *sine qua non* da nossa lista. Essa prática tem apresentado resultados tão expressivos que foi adotada por empresas como Bosch e Alcoa em sua cadeia produtiva e merece ser destacada como uma condição importante nas parcerias, que reassegura, inclusive, a existência de confiança.

Se hoje temos cada vez mais companhias brasileiras de médio porte integrando-se ao mundo globalizado — ou seja, virando fornecedoras globais de seus produtos —, isso é graças aos benefícios entregues por meio do modelo de aliança estratégica.

E chegamos à quarta condição, da afinidade de visões. Na atual economia, a ordem é, cada vez mais, ter uma estrutura que seja o mais flexível e leve possível, certo?! Então, organizações utilizam modelos descentralizados que contam com fornecedores aliados em todo o planeta, evitando mobilizar capital com estruturas físicas, e se dedicam a focar toda sua atenção e conhecimento no core business do negócio. É a chamada "visão de ecossistema", com aliados estratégicos, que sempre deve prevalecer, certo?

Certo e errado. Mais uma vez citamos a Apple como referência certa. O processo produtivo do iPhone, considerado o produto mais rentável e um dos mais vendidos da história da humanidade, representa um exemplo cristalino dessa tendência.

Tente responder à trivial questão: quem fabrica o iPhone?

Só os desavisados responderão que é a Apple. Metaforicamente, a organização funciona como o maestro de uma orquestra de fornecedores e não cabe a ela a exclusividade da produção do produto. Ao todo são 23 itens distintos fabricados por cerca de 40 fornecedores independentes espalhados em 10 países ao redor do mundo. Esses componentes são transportados para as instalações de 3 organizações que fazem a montagem do aparelho até chegar ao modelo que conhecemos — a principal delas é a Foxconn, que desenvolve todo processo em suas unidades localizadas na China. A orquestra é o ecossistema.

Não à toa, a informação apresentada nos aparelhos não é a tradicional "*Made in ...*" (Fabricado em), e sim "*Designed by Apple in California*", pois não coube à empresa de San Cupertino a responsabilidade pela produção do produto.

Esse modelo faz com que uma das expertises principais da Apple seja sua capacidade logística e a gestão de parcerias uma competência essencial para a estratégia da empresa mais valiosa do planeta.

Mas a Apple só consegue fazer isso da maneira certa porque há confiança mútua em seu relacionamento entre todos os agentes e porque há afinidade de visões. Ou a continuidade do projeto não seria possível.

Sim, afinidade de visões. Um aspecto curioso que percebemos ao analisar essa estratégia de seleção de fornecedores da Apple tem a ver com a identidade de uma empresa que ocupa posição de destaque fornecendo mais de um item nessa relação. Trata-se da Samsung. Sim, a empresa que produz o principal produto concorrente do iPhone no mundo também integra o ecossistema que produz o iPhone. A lista não acaba aí: LG, Sony e outras organizações que competem com a Apple pontualmente — em determinadas regiões do planeta ou em produtos específicos — também fornecem para a Apple em alianças estratégicas.

Arranjos não tradicionais como esses, que passam por cima da visão tradicional das fronteiras entre concorrentes, só são possíveis e cumprem seu destino por haver afinidade de visões entre as empresas aliadas.

Vítimas da já citada banalização do termo "parcerias", muitas companhias simplesmente disparam a fechar parcerias com qualquer empresa cliente ou fornecedora. A visão orientada ao valor desconstrói essa lógica, uma vez que considera as peculiaridades de cada empresa envolvida no sistema. O poder dessa visão comum entre parceiros tem tomado forma, recentemente, no segmento de mobilidade urbana e une agentes que, em um primeiro momento, estranharam-se: os aplicativos de mobilidade e as locadoras de automóveis.

A ascensão de apps de mobilidade como Uber, 99 e Cabify representou uma ameaça importante para as empresas de locação de automóveis. Inicialmente, houve o entendimento de que consumidores que alugavam carros com constância mudariam seu comportamento e passariam a se locomover com o serviço desses novos players.

A adoção avassaladora dos apps no Brasil, que já é o segundo maior mercado do mundo para a Uber (dados de 2018), deixou essa tese superada: o que houve foi a abertura de um novo segmento de atuação para o setor — a locação de automóveis para profissionais dos aplicativos.

Indivíduos que desejam prestar seus serviços aos aplicativos e não são proprietários de automóveis começaram a buscar a opção de locação. Sem perder tempo, as principais empresas do setor estabeleceram parcerias com as empresas de aplicativos, e aqueles que poderiam ser ferozes competidores se converteram em parceiros de valor.

Atualmente, estima-se que 5% do volume de negócios gerados pela maior empresa brasileira do setor de locação de automóveis, a Localiza Hertz, é gerado por meio dessa fonte, o que equivale a um faturamento estimado de R$250 milhões (dados de 2018).

Todas as empresas do setor estabeleceram alianças estratégicas com os aplicativos de mobilidade. Não existem dados formais a esse respeito, porém, em algumas cidades do Brasil, de estados como Mato Grosso, associações locais estimam que cerca de 60% da frota de motoristas autônomos é composta por veículos alugados.

Um aspecto particular da evolução dessa parceria envolveu um outro público e chamou a atenção de diversos usuários da Uber quando receberam na véspera de feriado uma mensagem informando que teriam benefícios exclusivos naquele período nas tarifas de locação para automóveis da Localiza.

Em um primeiro momento, a mensagem gerou estranhamento, pois trata-se da promoção de um serviço que pode levar o usuário a preterir o uso do app. Porém uma análise mais detida permite concluir que a visão compartilhada acerca da desmobilização da propriedade do carro remete à afinidade de visões dos parceiros. Considerando o tempo de mobilidade, característico no caso de viagens mais longas, é estratégico os dois se unirem em prol da promoção de um conceito comum: mais vale o acesso ao automóvel do que seu uso.

Essa visão compartilhada une as organizações na aliança estratégica e, assim, leva ao crescimento dos negócios dos dois lados envolvidos.

De novo: o resultado do todo é maior do que a soma matemática das partes. No Brasil de 2018, existiam mais de 500 mil motoristas de aplicativos de mobilidade, mais de 20 milhões de usuários e a Uber sozinha atingiu a marca dos 70 milhões de viagens/mês. Esse mercado de números superlativos interessa a todos os agentes do segmento e eles potencializam sua ação por meio de uniões virtuosas.

Além da afinidade de visões, contudo, precisa haver afinidade de princípios entre as organizações. Diríamos mais: se não houver alinhamento de princípios — assunto já tratado aqui —, nada vai dar certo de modo sustentável.

Como o resultado do projeto impacta de forma maciça o mercado e, sobretudo, os clientes, qualquer desalinhamento de perspectivas pode gerar ônus importantes na percepção de valor das organizações. Voltamos à primeira condição *sine qua non*, portanto: a confiança entre as partes, diretamente relacionada a princípios e valores, é o que dá a liga para que esse movimento seja legítimo e longevo. Deve-se ter o tempo todo em mente que, em um processo de aliança estratégica, a identidade das empresas parceiras se funde e é criada uma única entidade sob os olhos do mercado. Os riscos de uma união nesses termos de companhias que não têm valores e visões alinhadas é enorme, portanto.

Por maior que seja a recompensa potencial dessa relação, se esse pressuposto não estiver presente, nenhum resultado brilhante compensa o risco.

ALIANÇAS SERVEM A QUEM?

Alianças estratégicas têm o potencial de estarem presentes em todos os setores da economia, mesmo naqueles que têm uma dinâmica e reputação mais predatórias, como o segmento de varejo. Historicamente, constitui-se um exemplo oportuno nesse sentido, que foi o caso da parceira clássica entre Walmart e Procter & Gamble.

Além da afinidade de visões, contudo, precisa haver afinidade de princípios entre as organizações. Diríamos mais: se não houver alinhamento de princípios — assunto já tratado aqui —, nada vai dar certo de modo sustentável.

Antes de se tornar o gigante que se tornou, o Walmart era totalmente ignorado pelos fornecedores de maior porte, que podiam muito bem vender suas mercadorias sem contar com a rede que iniciou sua expansão atuando em pequenas cidades do interior dos Estados Unidos, longe dos grandes centros urbanos.

A partir de 1987, a empresa, que já era grande então, resolveu propor uma mudança no relacionamento com seus fornecedores e propôs uma reunião entre os dez principais dirigentes de sua empresa com os da Procter & Gamble em sua sede em Bentonville, Arkansas, Estados Unidos. Durante dois dias, o grupo refletiu sobre ações desenvolvidas em comum que agregassem valor às duas companhias.

Em três meses, estava instalada uma equipe P&G-Walmart cujo principal objetivo era o de estabelecer um novo relacionamento entre as companhias.

O primeiro resultado do processo foi a partilha de informações entre as empresas, que permitiu o desenvolvimento de um sistema de informações pelo qual a P&G monitora os dados de vendas e estoques do Walmart, em tempo real, e usa essas informações para redução de seus custos por meio de um melhor planejamento de seus planos de produção e logística de entrega mais eficiente.

Atualmente esse sistema se disseminou no setor de varejo, porém recorde-se de que estamos nos referindo a um projeto que aconteceu no final da década de 1980, em uma época que não havia uma visão estabelecida em relação a parcerias estratégicas entre cliente e fornecedor. Na realidade, mesmo hoje podemos afirmar que essa visão ainda hoje não está madura em muitos relacionamentos comerciais no setor. Imagine então há cerca de 30 anos.

Tal parceria de valor dá frutos até hoje. Como, por exemplo, quando o Walmart tomou a decisão de adotar uma visão orientada para a sustentabilidade do planeta, que deveria ser traduzida em ações práticas da rede, levando em conta o poder que a organização tem em todos os países onde atua e o impacto de suas ações para o equilíbrio ambiental. Foi nessa época que a rede lançou um desafio a seus fornecedores no projeto "Sustentabilidade de ponta a ponta" (*End-to-End*), que tinha como proposta tornar seus produtos sustentáveis desde a fabricação até o momento de descarte.

Muitas corporações fornecedoras aceitaram o desafio Walmart, porém, não à toa, bons frutos foram colhidos com a Procter & Gamble. A empresa desenvolveu, com exclusividade para o Walmart, o detergente em pó Ariel Oxiazul Ecomax, que fazia menos espuma e, por isso, exigia menos água no enxágue das roupas.

Além disso, lançou uma nova fralda da marca Pampers (Total Confort), cujo processo produtivo envolve menor impacto ambiental. Os avanços possibilitaram diversas melhorias no produto, como a redução de 30% na utilização de celulose; uma embalagem 35% mais compacta que requer menos plástico em sua composição; a redução da frota de caminhões para seu deslocamento em 25%; uma capacidade maior de absorção, que faz com que sejam necessárias menos trocas e o descarte seja mais eficiente.

Veja o leitor os potenciais resultados de uma parceria de valor baseada em confiança 30 anos depois de estabelecida. A linha Ariel sofreu mutações ao longo dos anos e o Oxiazul Ecomax evoluiu para outros produtos, porém os ganhos do desenvolvimento inicial formaram a base de novos projetos vencedores. No caso da linha Total Confort da Pampers, ela continua ativa e uma das líderes em vendas da organização.

É evidente que as questões de negociações continuam sendo importantes entre Walmart e P&G, porém observe como, mesmo em um setor como o varejo, existe o caminho da parceria de valor que não pressupõe exclusivamente os aspectos financeiros da relação. A visão extrapola essa relação e migra para a construção recíproca de valor entre fornecedor e cliente.

A P&G, aliás, há muito enxergou as oportunidades advindas de abrir as fronteiras de sua organização para se relacionar com diversos agentes corporativos e gerar novas soluções em conjunto com eles.

Na mesma linha que evoluiu seu projeto com fornecedores, como no caso do Walmart, a P&G estabeleceu uma iniciativa formal em que convida organizações e empreendedores externos que desejem contribuir com necessidades da organização. Esse projeto está ancorado no programa "Connect + Develop", que tem como pilar principal um portal no qual a organização aponta suas demandas e qualquer companhia pode inscrever as soluções que desenvolveu com esse fim.

A organização enxergou que parcerias podem ser um importante vetor para inovação, na medida em que abre as portas da organização para visões e expertises externas a suas fileiras, permitindo o contato com outros pontos de vista e múltiplas perspectivas.

No site do programa, a Procter & Gamble afirma que com o projeto a empresa está colaborando com indivíduos e organizações ao redor do mundo para desenvolver ideias e produtos inovadores.

Ao se abrir a parcerias legitimamente, a organização ganha o benefício de estar muito sensível a outras perspectivas para seu negócio. Em um ambiente em mutação constante, essa abertura contribui para que a empresa e seus líderes saiam da zona de conforto, confrontem seus conhecimentos e enxerguem novas possibilidades (quiçá algumas com potencial de destruir o negócio tal qual ele existe hoje rumo a uma nova modelagem de negócios).

O QUINTO ELEMENTO

Lembra que falamos em uma quinta condição *sine qua non*, um quinto elemento das alianças estratégicas de sucesso? Ele não costuma aparecer nos casos apresentados, como também não aparece nas aulas das escolas de negócios, mas certamente está presente em todas essas histórias: a boa relação entre seres humanos que lideram essas ações de parceria. A química entre os envolvidos nas alianças estratégicas é tão indispensável para seu sucesso quanto a química entre os noivos é um indicador de felicidade e prosperidade em um casamento. Sem ela existir, é melhor nem começar uma conversa nesse sentido.

As empresas podem ser complementares, o valor dessa complementaridade pode estar explícito e os lucros previstos talvez sejam espetaculares, porém, se as pessoas não se respeitarem, todo o esforço está fadado ao fracasso.

Há cerca de 10 anos, o Brasil vivenciou um dos maiores e mais importantes movimentos da história do seu ambiente empresarial: a fusão que criou o maior banco privado brasileiro — a união do Itaú com o Unibanco.

É impressionante como o processo de união dessas duas entidades foi rápido e gerou resultados extraordinários. Um elemento que não passou despercebido por ninguém que acompanhou todo processo foi o respeito apresentado em todas as conversas por dois protagonistas desse projeto: Roberto Setúbal e Pedro Moreira Salles, controladores das duas instituições.

A relação pessoal entre as duas famílias e, especificamente, entre os dois banqueiros é antiga, e o amadurecimento das questões que culminaram com a criação do maior banco privado do hemisfério sul teve uma influência muito mais pessoal do que corporativa. Poucos capitalistas e gestores de empresa ostentam a maturidade apresentada nessa fusão sem precedentes em nosso país.

A sintonia da dupla é tão grande que, em entrevista realizada, logo na sequência da formalização do negócio, com os dois pela revista *Isto É Dinheiro*, ambos responderam da mesma forma diversas questões realizadas pelos entrevistados, mesmo não estando juntos.

Essa fusão se configurou em uma autêntica parceria de valor, já que a soma das partes é muito maior do que o valor individual de cada entidade. Ela mostra o poder de uma visão compartilhada construída graças a uma parceria de valor entre companhias **e líderes** excepcionais.

UM NOVO PARADIGMA

Não queremos concluir esse insight sem reforçar a mensagem dos cinco elementos de uma aliança de sucesso, já que o leitor certamente terá de costurar muitas alianças ao longo de sua vida profissional.

Repassemos:

1. Selecionar o parceiro pelo perfil e pela confiança mútua, mais do que por qualquer outra característica que se possa imaginar.

2. Abandonar a mentalidade "fornecedor-cliente" predominante nas organizações envolvidas na parceria e fazer com que todos abracem um novo modo de se comportar e tomar decisões.

3. Trocar as restrições à transferência de conhecimento por uma autêntica disposição de compartilhar seus aprendizados. O que você sabe seu parceiro também pode — e deve — saber.

4. Afinar as visões das empresas envolvidas para compor o que seria uma terceira identidade comum — cada organização tem sua própria identidade, é claro, mas também há uma cultura parecida nelas, na qual pessoas de todas as partes transitam com naturalidade.

5. Garantir a química entre as pessoas que atuam diretamente na aliança estratégica; os relacionamentos precisam fluir como aconteceria dentro de uma equipe de alta performance.

O efeito colateral de uma genuína parceria de valor é que seu resultado pode ser tão expressivo, mas tão expressivo, que as perspectivas de crescimento e expansão extrapolarão o patamar já estabelecido e criarão um novo paradigma de desempenho, uma nova visão, um novo sonho que não poderia ser sonhado no status anterior. Tudo isso pode não aparecer para o mercado, mas acontece com muita frequência.

EXPERIÊNCIA EXPANDIDA

João Kepler, da rede Bossa Nova de investidores, compartilha segredos das alianças estratégicas

PARCERIA DE NEGÓCIOS = a união de partes que, juntas, constroem um todo maior do que seriam se continuassem separadas.

Na economia atual, **MAIS VALIOSO** que possuir ativos físicos é uma empresa possuir influência sobre uma rede poderosa de agentes.

- Rede
- Interações
- Dados Valiosos
- Valor da Rede
- Geração de Receita

PARCEIROS estão entre os atores fundamentais para o desenvolvimento de plataformas poderosas.

5 CONDIÇÕES PARA FORMAÇÃO DE ALIANÇAS ESTRATÉGICAS PODEROSAS:

- Transferência de conhecimento.
- Afinidade de visões das empresas.
- Bom relacionamento entre as pessoas.
- Mudança de mentalidade de todos nas organizações.
- Seleção de parceiro pelo perfil e pela confiança mútua.

Insight

#06

RELACIONAMENTOS como fonte *de poder*

Não é de hoje que a construção de uma rede de relacionamentos sólida entrou na pauta dos gestores. Cantado em prosa e verso, esse requisito empresarial se disseminou na última década convertendo-se em um dos anglicismos corporativos mais frequentemente ouvidos nas altas rodas de executivos: "networking". Tem sido, de fato, uma ferramenta muito utilizada na busca de colocações no mercado de trabalho.

Porém seu potencial e alcance são muito maiores e mais abrangentes do que isso neste mundo em transformação permanente. Vivemos em uma economia cada vez mais interconectada, em que conhecer as pessoas certas pode facilmente significar a diferença (tênue) entre sucesso e fracasso.

Paradoxalmente, em um ambiente onde a tecnologia é onipresente e os relacionamentos virtuais tomam conta da sociedade, há uma clara tendência de revalorização de relações pessoais. (O que contraria o senso comum e derruba algumas "premonições" segundo as quais haveria um distanciamento cada vez maior entre indivíduos.)

Falando diretamente com você, leitor, sua rede de relacionamentos é fonte de ideias estratégicas e também o que o ajuda a viabilizá-las. Ou seja, a importância da rede se expande para muito além dos planos pessoais de evolução de carreira, e ao envolver fornecedores, parceiros, entidades setoriais e, o suprassumo das interfaces, clientes existentes e futuros, essa rede passa a pesar para a própria estratégia e execução do negócio.

Em outras palavras, o networking se torna, para os profissionais, uma fonte de poder pessoal por excelência. Para transformar o networking de carreira em networking de valor, porém, há um longo e sinuoso caminho a percorrer.

A principal orientação a ser adotada é a de criar valor por meio de sua rede de relacionamentos. Somente assim o poder pessoal conquistado será extraordinário e conferirá a seu portador uma real autonomia pessoal e profissional.

Importante ficar claro que o poder proveniente da geração de valor pelo networking é legítimo, perene, consistente e independe do cargo ou função ocupada na organização. É o extremo oposto do "poder" resultante de posição hierárquica, que é efêmero, na medida em que desaparece quando se perde esse posto.

O networking de valor, que obrigatoriamente extrapola o ambiente corporativo imediato, transforma-se em um ativo pessoal de cada um — e fica indispensável a partir de determinado momento, pelas inúmeras possibilidades para quem o aproveita em toda sua potencialidade.

Ao observarmos essa dinâmica na prática, porém, fazemo-nos uma indagação: as pessoas realmente se importam em construir de forma proativa seu networking de valor? E o que significa criar valor por meio da rede de relacionamentos?

DIFERENCIAIS DO NETWORKING DE VALOR

Para entender o networking de valor, o melhor, primeiro, é compreender o que ele não é.

Pense em um momento absolutamente crítico por qual todos passamos — ou, pelo menos, a maioria de nós — na vida: a busca por uma nova colocação profissional.

A regra é a pessoa que se vê em uma situação assim começar a acessar todos os seus contatos de forma desenfreada e, em geral, desorganizada. A abrangência atual das redes de relacionamento virtuais facilitou demais esse acesso. O LinkedIn viu crescer vertiginosamente o uso de sua rede com esse fim, inclusive, e se posicionou como o espaço para intercâmbio de informações de quem procura uma ocupação com as organizações que têm vagas disponíveis. Assim, nossas caixas de mensagem dos perfis de LinkedIn são invadidas por indivíduos desconhecidos que nos abordam com toda sorte de estratégia para demonstrar uma intimidade inexistente.

Acontece que tal atitude acaba constrangendo o interlocutor. Visualize: você recebe o acesso de um indivíduo com que conversou uma única vez na vida — de forma absolutamente superficial em uma reunião de trabalho ou situação similar — que o trata agora com uma intimidade incomum, como se fosse seu amigo de longa data.

Essa situação pode parecer até confortável perante a enxurrada de abordagens de desconhecidos por meio das redes sociais, gente com quem você nunca interagiu, mas não é. Sem haver uma proximidade real, não é gerada empatia alguma, já que você não consegue se colocar no lugar do outro. A consequência é que, além de ignorar seus apelos, você se sente absolutamente incomodado pela abordagem. É natural. O incômodo acontece porque a única motivação da intimidade, como salta aos olhos, é a necessidade do seu mais novo "amigo" de que você o auxilie a arrumar emprego — em bom português, você se sente usado.

O efeito do esforço já se conhece: próximo a zero — e o contato pelo contato é vazio, oco, desprovido de sentido. Na realidade, em boa parte das vezes, o resultado acaba sendo pior que zero, já que a abordagem inapropriada gera uma percepção muito desfavorável da ação.

Em suma, não adianta nada procurar as pessoas só quando elas lhe são úteis. Isso não é networking de valor. Nem deveria poder ser chamado de networking de carreira tampouco.

É incrível como as pessoas subestimam a importância de um relacionamento verdadeiro, relegando-o a segundo plano como se não fosse um fator crítico óbvio para a evolução de qualquer indivíduo, profissional e pessoalmente. Gente precisa se relacionar com gente; assim tem sido desde o início dos tempos, assim será enquanto a espécie humana existir, independentemente da tecnologia que intermedeia as relações.

A jornada em busca do poder pessoal por meio do networking tem pelo menos três estágios a percorrer:

- Conhecer pessoas (entendendo que, além dos amigos, os conhecidos importam muito, e é importante buscar diversidade de oportunidades em se relacionar com aqueles que estão fora de seu ciclo, comparecendo a eventos ou cursos, participando de entidades de classe etc.).
- Ser capaz de articular conexões de valor por meio da rede de relacionamentos, o que acontece de duas maneiras: tendo interesse legítimo pelos interlocutores e sendo capaz de ligar diversas demandas e possibilidades existentes.
- Saber ativar o poder gerado em todo esse processo.

Primeiro estágio

O pressuposto básico de todo esse processo é conhecer pessoas. Na obra *O Ponto da Virada: The tipping point*, dedicada a mostrar como ideias, mensagens e produtos se transformam no equivalente a vírus que contaminam as pessoas e as mobilizam, Malcolm Gladwell apresenta três perfis pessoais que são decisivos para o êxito desse processo: o *connector* (na edição brasileira do livro, ele foi traduzido como comunicador), o *maven* e o *seller*. O *connector* está intimamente ligado com tudo que estamos falando aqui sobre rede de relacionamentos.

Como se reconhece um *connector*?

De acordo com o autor, a primeira característica desse perfil é que ele conhece muita gente — nutre uma grande rede de relacionamentos (atualmente, as redes sociais permitem constatar quem se enquadra nesse perfil ao observarmos a quantidade de conexões em suas redes sociais). Mas vai além disso. Ele conhece as pessoas certas e se dedica a cultivar laços de amizade com elas. Dessa forma, tais pessoas estão sempre presentes na vida desses indivíduos. Como não é possível envolver-se com a mesma intensidade com todo o universo de conhecidos, alguns contatos são realizados com mais frequência, outros com menos, porém todos são nutridos periodicamente.

As relações de menor intensidade são denominadas pela sociologia de "laços fracos". São aquelas relações amigáveis, porém casuais. E elas são importantíssimas. Para mostrá-lo, Gladwell recorre a uma obra norte-americana clássica publicada em 1974 de autoria do sociólogo Mark Granovetter em 1974: *Getting a Job* ("Encontrando um Emprego", em tradução livre).

Nesse livro, o autor apresenta uma pesquisa realizada com milhares de trabalhadores em Boston, nos Estados Unidos, que conseguiram encontrar emprego. Da amostra, 56% obtiveram seu emprego por meio de conhecidos, enquanto 18,8% utilizaram meios formais e cerca de 20% se apresentaram diretamente na empresa almejada.

Mais do que isso, do total de indivíduos que utilizou sua rede de relacionamentos, 16,7% foram beneficiados por pessoas que viam com frequência; 55,6%, pelas encontradas de vez em quando; e 28%, por algumas vistas raramente. Ou seja, cerca de 84% dos auxílios foram prestados pelos laços fracos com pessoas que estavam fora do círculo mais íntimo de relacionamento dos beneficiados.

A tese do autor é que isso acontece pelo fato de os amigos próximos pertencerem ao mesmo universo que nós. Dessa forma, dificilmente acontecerá algo nesse contexto que já não seja de nosso domínio de antemão. Já os conhecidos pertencem a outros contextos e é provável que estejam a par de algo que ignoramos.

Baseado nessa constatação, Granovetter cunhou o termo "o poder dos laços fracos". Gladwell comenta que os conhecidos são uma fonte de poder maravilhosa e quanto mais numerosos forem em nossa vida, mais poder teremos. Vale esclarecer, contudo, que essa visão não se aplica somente à busca de empregos. Em consonância com nossa visão sobre o poder que emana de uma rede de relacionamentos, ela pode ser aplicada nos mais diversos contextos. Não à toa, as redes sociais digitais utilizam recursos para apontar quem são "os amigos dos amigos" ou as conexões de segundo grau e assim por diante. Esse recurso contribui para identificar possibilidades de relações presentes nesse universo de menos proximidade e frequência.

Outra lição que nos traz Gladwell é que uma rede de relacionamentos de valor deve incluir indivíduos que estejam fora dos limites específicos de nosso universo. Para a construção desse ativo, é necessário que a pessoa extrapole as fronteiras da organização em que trabalha e dos círculos de amizade íntima e vá em busca de outras fontes, provenientes de encontros de executivos, associações de classe, eventos e assim por diante. A diversidade é um dos aspectos relevantes da rede de relacionamento de valor.

Conhecer pessoas é indispensável e compreende a base de todo processo, porém trata-se de um ativo que, por si só, tem pouco — ou nenhum — valor. De que vale você conhecer tantas pessoas se não gera valor por meio delas — ou para elas?

A tecnologia aumentou exponencialmente o potencial de conhecermos gente. Com a popularização das redes sociais todos podem estar — e de fato estão — conectados a milhares de pessoas em diversos países do mundo simplesmente com um clique.

A maior importância dos influenciadores digitais na sociedade contemporânea amplificou o risco de uma confusão que sempre houve em se tratando de relacionamentos: quantidade não é qualidade.

O fato de determinado indivíduo ter dezenas de milhares de conexões significa pouco quando se compara isso com o nível de engajamento que mantém com seus seguidores. Esse sim é um indicador da qualidade de seus relacionamentos e sua influência.

Você se conectou com aquele executivo brilhante que pode contratá-lo para uma posição de destaque por meio do Linkedin? Está seguindo no Twitter aquele cliente ao qual nunca teve acesso? Contata pelo Facebook o executivo que lidera a operação global daquela companhia que persegue há tanto tempo? E eles dão retorno às suas abordagens? No final do dia, qual o real valor dessas conexões?

O ponto de reflexão — e de inflexão — fundamental no que diz respeito a conhecer pessoas é entender que o verdadeiro valor de uma rede não está concentrado na quantidade de suas conexões, e sim na qualidade. De nada lhe serve ter todos esses acessos se eles não gerarem valor.

É aí que entra uma qualidade-chave das pessoas que potencializam seus relacionamentos: o poder da articulação. Sempre está presente nas pessoas que conseguem gerar valor de sua rede de relacionamento extrapolando o conceito clássico de networking.

Certamente você conhece alguém com esse perfil. Trata-se daquele indivíduo que conhece meio mundo e tem uma habilidade inconteste em unir pontas desconexas, criando possibilidades onde ninguém enxerga alternativas.

Segundo estágio

O segundo estágio rumo ao poder pessoal por meio do networking é articular conexões de valor por meio da rede de relacionamentos. Ser bem articulado configura-se como um importante diferencial competitivo pessoal.

Ao desvendar as características comuns das pessoas articuladas nos damos conta de que o primeiro elemento que salta aos olhos é seu interesse legítimo pela realidade de seu interlocutor. Para eles, toda oportunidade é uma oportunidade de gerar valor para as outras pessoas — e com elas. Por isso, sua antítese é o egocentrismo.

O egocêntrico se caracteriza como aquele que só tem olhos para si mesmo, sendo incapaz de sensibilizar-se perante as dificuldades ou necessidades do próximo. A partir do momento que não consegue "calçar os sapatos" alheios, essa pessoa não tem condições de criar valor para o outro.

É necessária uma boa dose de desprendimento e, sobretudo, empenho para entender o universo de um interlocutor, enxergar o mundo com seus olhos e aprender sobre suas aspirações, desejos, receios e tudo que o envolve. A partir daí é que as conexões de valor surgirão.

Note que o processo todo ocorre tendo em foco a pessoa e não a organização que ela representa ou seu contexto empresarial. A primeira dimensão é pessoal, e como consequência surgem os benefícios corporativos. Nunca podemos perder isso de perspectiva: só criaremos valor por meio de nossos relacionamentos se criarmos valor para a vida das pessoas que participam desse sistema.

No momento em que isso acontece, você se transforma em uma pessoa poderosa. Assim, por mais paradoxal que possa parecer, você só conseguirá ativar seu poder se orientar seu foco para os interesses do próximo.

Embora venha de fora do mercado corporativo, um dos articuladores históricos que ofereceu boas lições para o contexto empresarial foi Nelson Mandela.

O filme *Invictus*, de Clint Eastwood, retrata bem o poder de articulação do líder sul-africano ao utilizar um desafio esportivo — o rúgbi — como metáfora para unir uma nação. Mandela enxergou nesse momento esportivo a oportunidade de realizar uma conexão entre os desejos de união da nação com a possibilidade de concretizar essa visão passando por cima de diferenças históricas.

Uma das passagens dessa narrativa simboliza de forma bastante clara sua preocupação em mostrar seu interesse legítimo por cada um dos jogadores, no caso, os principais agentes dessa mobilização.

No caminho de um encontro, em seu automóvel, Mandela tem em suas mãos um jornal sul-africano com a escalação da equipe. Depois de analisá-lo, entrega o periódico à sua assistente e pede para que ela cubra o nome dos jogadores e lhe mostre apenas a foto de cada um deles.

Assim, sistematicamente, um por um, Mandela decora seus nomes.

Na sequência da cena o líder faz uma visita surpresa a um treino e cuidadosamente chama cada jogador pelo nome, fazendo ainda observações específicas a seu respeito. Todos que acompanharam sua trajetória de perto sabem que esse era um hábito que cultivava: chamar seus interlocutores sempre pelo nome.

A atitude pode parecer pequena ou até desprezível perante o todo, porém, quando você se dirige a uma pessoa identificando-a individualmente, está dando o devido valor a seu interlocutor. O efeito é mais simbólico do que prático: mostra o interesse legítimo pelo seu universo.

Tomando ainda o exemplo do fim do apartheid como referência, observamos que o êxito no processo de união da África do Sul não ocorreu apenas pelas mobilizações de multidões de cidadãos sul-africanos. Ocorreu, sobretudo, pela habilidade de Mandela em costurar um novo paradigma de nação negociando com líderes brancos e extremistas negros a partir do entendimento das necessidades e visões das partes.

Enxergando o mundo com os olhos de todos os envolvidos e agindo como elo, Mandela conseguiu criar uma visão comum a todos articulando os interesses dessas forças, o que culminou com a construção de uma nova nação. Vejam o que é o poder da articulação.

É desse exemplo que trazemos outra qualidade presente na articulação de valor. As pessoas com esse perfil têm extrema habilidade em identificar as diversas possibilidades existentes e unem as necessidades apresentadas às alternativas disponíveis. O articulador sempre busca as conexões para a geração de alternativas e soluções em sua rede de relacionamentos.

Tal atitude parece interiorizada pelas pessoas com esse perfil, porque sempre estão, de forma espontânea, orientadas a "unir as pontas". Não basta a habilidade de enxergar o mundo com os olhos do outro.

Aliado a essa habilidade, é necessário conseguir vislumbrar as alternativas de soluções disponíveis para que a conexão ocorra de forma qualificada — relações que não são visíveis para a maioria das pessoas. Por esse motivo, muitos dos articuladores são pessoas visionárias que conseguem enxergar além do lugar-comum.

Assim, temos duas perspectivas importantes presentes nas pessoas que conseguem articular conexões de valor por meio de sua rede de relacionamentos: o interesse legítimo pelo universo das pessoas que compõem seu networking e sua atuação como elo entre as diversas demandas e possibilidades existentes.

Terceiro estágio

Partimos então para o terceiro estágio dessa jornada: a ativação do poder gerado em todo esse processo.

A recompensa recebida ao articular um contexto ou situação muitas vezes não é tangível ou estruturada. Por isso, não é possível ter um raciocínio do tipo "farei isso esperando aquilo em troca". Deve haver legitimidade e desejo verdadeiro em criar valor para a vida das pessoas.

Os articuladores não pensam nos relacionamentos que nutrem como uma estratégia de negócios. Os negócios, quando acontecem, são simplesmente uma feliz consequência.

É a concretização do chamado "*looping* do bem". Ao contribuir com sua ação para a criação de valor na vida dos outros, a pessoa cria um contexto altamente favorável que se retroalimenta continuamente, já que os favorecidos no processo oferecem sua contrapartida em forma de dedicação e atenção. Assim as oportunidades florescem na rede de relacionamentos, gerando ainda mais possibilidades e alternativas.

O inspirador professor José Carlos Teixeira Moreira, fundador da Escola de Marketing Industrial e um dos brasileiros que mais contribui com a evolução do nosso pensamento sobre gestão, comenta que criar valor por meio de sua rede de relacionamentos faz com que as pessoas "joguem no seu time", porque se constrói um contexto favorável em que muitas vezes florescerá a cooperação entre atores tão diferentes como brancos e negros no caso sul-africano. Cooperação é a palavra que sintetiza bem os efeitos provenientes da geração de valor por meio do networking e do poder pessoal gerado por essa ação.

UM EXEMPLO DO VERDADEIRO PODER

É possível citar um sem número de brasileiros que, por meio de sua ação, articularam redes de relacionamento com pessoas que se doaram, alinhadas à sua causa. Escolhemos um empreendedor que simboliza bastante bem esse perfil: Ozires Silva, fundador da Embraer.

"Doutor" Ozires, como as pessoas mais próximas se dirigem a ele carinhosamente, comenta que, enquanto os jovens de sua idade sonhavam em pilotar um avião, ele sonhava em fabricar o equipamento. Com seu esforço, dedicação e perseverança, liderou a construção da primeira aeronave brasileira que foi o embrião da Embraer, empresa que ajudou a fundar.

Um exemplo da capacidade de fazer sua equipe "jogar em seu time" expressou-se quando da constituição do grupo inicial da companhia. Sua escolha, como não poderia ser diferente, recaiu sobre os profissionais em que tinha confiança, com quem já havia atuado na construção do primeiro avião brasileiro.

O problema é que para atuar na nova organização, esses indivíduos, que eram funcionários públicos, deveriam pedir sua exoneração de seus cargos originais abrindo mãos de todos benefícios conquistados advindos dessa condição.

Ozires Silva, um visionário de carteirinha, contagiou a todos com sua visão do futuro daquele sonho e atraiu-os ao projeto a despeito dos riscos envolvidos no processo.

O resultado foi a constituição de uma organização que se transformou em ícone nacional e uma das principais — e únicas — empresas inovadoras de ponta em nosso contexto empresarial.

Progressiva e consistentemente, Ozires estruturou uma equipe de valor com profissionais dedicados que, juntos, concretizaram uma visão única. Estamos diante de um padrão típico dos articuladores corporativos que, não à toa, transformam-se em grandes líderes. Pode não ser uma liderança expressa em cargos muitas vezes, porém o perfil colaborativo faz com que a pessoa seja uma referência e, ato contínuo, tenha um batalhão de talentos jogando em seu time — de graça.

DÁDIVA

Sintetizando nosso caminho: obter poder por meio de networking significa percorrer três estágios.

Em um primeiro momento é necessário construir uma sólida rede de relacionamentos, ou seja, conhecer pessoas.

A etapa seguinte consiste em articular esses relacionamentos, criando valor para a vida desses indivíduos e funcionando como elo entre as demandas que surgem nessa rede e o universo das possibilidades.

O terceiro estágio é consequência dos outros dois e considera a ativação do poder potencial gerado em todo esse processo.

Não falamos de um poder circunscrito a situações específicas, como a busca por uma colocação profissional. Seus tentáculos se expandem para toda nossa vida profissional — e pessoal —, sendo decisivo para construção de caminhos corporativos nas mais diversas frentes: conquistas de novos clientes, mercados, desenvolvimentos de parceiras e assim por diante, de acordo com os propósitos de cada um.

Todos nós temos condições desenvolver esse poder proveniente da criação de valor com nossa rede de relacionamentos. Para tanto, é necessário refletir sobre a forma como estamos gerenciando essa rede e se estamos tendo uma postura alinhada com a adotada pelos profissionais articulados.

Construir relacionamentos de valor é uma dádiva que vai além do senso comum a respeito de networking. Requer tempo, priorização, dedicação, interesse legítimo e, sobretudo, uma clara orientação a esse caminho.

Talvez o caminho mais simples mesmo seja acumular "amigos" na web, o que lhe dá a sensação de pertencer a uma grande rede de relacionamentos. Essa é uma falsa sensação.

O fato é que, como diz um ditado norte-americano, "*there is no free lunch*" (não existe almoço de graça). Para obter poder de fato, transformando sua rede de relacionamentos em um ativo pessoal competitivo e sustentável, é necessário trabalho. Muito trabalho.

EXPERIÊNCIA EXPANDIDA

Ana Fontes, cuja Rede Mulher Empreendedora tem mais de 200 mil membros, fala do networking que cria valor

PODER proveniente da geração de valor pelo networking é legítimo, perene, consistente e independe do cargo ou função ocupada na organização.

X

"PODER" resultante de posição hierárquica que é efêmero, na medida em que desaparece quando se perde esse posto.

OS 3 ESTÁGIOS PARA CONSTRUIR UMA PODEROSA REDE DE RELACIONAMENTOS DE VALOR.

1. Conhecer pessoas:

* Laços Fortes
* Laços Fracos

2. Articular conexões de valor:

* Interesse legítimo pelos interlocutores.
* Ligar as demandas a possibilidades existentes.

3. Saber ativar o poder gerado em todo esse processo.

Insight
#07

"PESSOAS COMUNS, *resultados* **extraordinários**"

#7

Não existem times compostos apenas por Messis, Cristianos Ronaldos e craques desse nível. Nem no futebol, nem nas empresas.

Talvez você sonhe ter uma equipe composta exclusivamente por profissionais excepcionais. Em um ambiente competitivo como o nosso, contar com um grupo composto apenas por profissionais que apresentam performance muito acima dos padrões convencionais é o sonho de qualquer líder corporativo.

Ao observarmos nossa realidade nua e crua, no entanto, com o empreendedorismo em alta e a aguerrida disputa por talentos escassos, constatamos que nem sonho isso é; está mais para uma utopia com reduzidíssima possibilidade de realização.

Estatisticamente mostra-se impossível ter uma companhia apenas com pessoas com talentos excepcionais.

A exceção pode ocorrer em empresas pequenas que atuam em segmentos muito específicos como o de consultoria, por exemplo, mas ainda assim são situações radicalmente fora da curva.

Na prática, na esmagadora maioria das companhias e setores organizados do mundo corporativo, não encontramos equipes de trabalho compostas apenas por profissionais com talentos excepcionais.

Repetindo: não existem times compostos apenas por Messis, Cristianos Ronaldos e craques desse nível. Nem clubes, nem seleções nacionais. (Arriscamos dizer que, se um dia descobrirem vida em outros planetas e houver um campeonato de futebol intergaláctico, nem mesmo uma seleção terráquea arregimentará apenas talentos exuberantes.)

A metáfora com o futebol é oportuna porque revela a outra face do problema, além da conhecida falta ou indisponibilidade de oferta em si.

Em boa parte dos casos em que houve uma tentativa de reunir somente talentos extraordinários na história do futebol, os resultados foram desfavoráveis.

Um exemplo emblemático ocorreu há mais de duas décadas, no centenário do Flamengo, em 1995, quando a diretoria do clube montou o chamado "ataque dos sonhos" com Romário, Edmundo e Sávio, todos em excelente forma então (Romário havia acabado de se consagrar o melhor jogador do mundo e os outros dois talentosos atletas haviam retornado de experiências marcantes em clubes relevantes, atuando nas principais ligas do esporte no planeta).

A despeito da alta expectativa da nação rubro-negra, o resultado foi frustrante. Os placares, sabe-se, mais se assemelharam a pesadelo do que a sonho; a equipe não ganhou sequer um título relevante naquele ano e o grupo foi desfeito ao final da temporada depois de conflitos entre suas estrelas, mais tarde expostos ao público.

Retornando nosso olhar ao mundo corporativo, constatamos que as equipes de alta performance encontradas no mercado são compostas, na maioria das vezes, por profissionais que individualmente apresentam qualidades boas e peculiares, e que, quando unidos por um mesmo propósito, ostentam um desempenho incomum.

De repente, com aquele arranjo, a organização consegue obter mais das mesmas pessoas, que "desencantam", em uma analogia com os contos de fada, ou "desabrocham", para uma menção à natureza. Se o leitor preferir uma citação de Peter Drucker, no entanto, a melhor — ou única — maneira de melhorar efetivamente o desempenho de uma empresa é "levar pessoas comuns a produzir resultados extraordinários".

UMA EQUIPE SINFÔNICA

Em uma orquestra sinfônica, cerca de 30 instrumentos diferentes tocam a mesma partitura em conjunto. Um dos livros de Drucker nos introduz a essa metáfora que representa bastante bem o que estamos falando, porque uma grande orquestra não é composta exclusivamente por grandes músicos.

Ela conjuga profissionais adequados que se doam ao máximo e que, juntos, constroem uma obra coletiva de muito valor. O maestro bem-sucedido é aquele que trabalha de perto com cada músico e cada naipe da orquestra — as cordas, a percussão, os sopros de metal e os sopros de madeira.

O que o maestro parece entender bem é que todo profissional, tanto o mediano como o de talento excepcional, possui limitações humanas e isso não é sinônimo de inferioridade ou depreciação de seu potencial; é apenas um fato com o qual temos de lidar.

A evolução do ambiente empresarial pela ascensão do capital intelectual como um dos ativos corporativos de maior relevância leva à necessidade de uma orientação da liderança como essa feita nas orquestras, mais individualizada e, em paralelo, em naipes, objetivando o incremento da competitividade corporativa.

A geração dos resultados almejados pelos acionistas depende dos componentes da organização e cabe ao líder, para cumprir esse desafio, potencializar as competências individuais de cada colaborador e minimizar suas limitações. Afinal, a competência essencial de uma empresa será a soma das competências individuais de cada trabalhador e, ao conseguir alavancá-las uma por uma, o líder estará aumentando a competitividade e o valor de mercado corporativo.

Essa perspectiva difere da ótica tradicional, derivada da Primeira Revolução Industrial e ainda majoritária em muitas organizações, segundo a qual a sistematização é a melhor forma de garantir o aumento da produtividade da companhia.

Tem sido assim desde Frederick Taylor e seu sistema de produção; diversos sistemas empresariais são sucessivamente adotados para garantir o melhor desempenho possível da corporação: enquadra-se nessa lógica desde a linha de montagem de Henry Ford e os programas de qualidade total de W. Edwards Deming até o conceito de reengenharia de Michael Hammer, entre outros.

Porém, se em um modelo "sistematizante" o trabalhador servia ao sistema, no atual contexto dirigido pelo conhecimento o sistema deve servir ao trabalhador, exatamente como faz o maestro na orquestra.

Essa convicção é reforçada ao assumirmos a tendência inequívoca da substituição tecnológica de trabalhadores pela qual passa a sociedade da quarta revolução industrial — sobretudo, nas atividades repetitivas ou automáticas. Paradoxalmente, na medida em que aumenta o nível de automação no ambiente empresarial, cresce a demanda pela contribuição de profissionais no que tange aos problemas complexos que demandam análise crítica, reflexão estratégica e outros atributos a que as máquinas — ainda — não conseguem atender.

Como sempre foi nas artes e na música sinfônica, o capital intelectual se tornou um dos elementos-chave de diferenciação e vantagem competitiva de uma empresa.

Em dezembro de 2017, a consultoria McKinsey publicou um estudo profundo com o título "Jobs Lost, Jobs Gained" ("Empregos Perdidos, Empregos Ganhos", em tradução livre). Um dos achados mais relevantes desse importante material diz respeito à previsão de que a tecnologia vai demandar milhões de empregos até 2030.

A diferença em relação à evolução das ocupações de até então tem a ver com a natureza desses novos empregos e a qualificação requerida para atender a esses novos requisitos. São novas posições que demandam o desenvolvimento de habilidades cognitivas, competências emocionais, criatividade e capacidade de pensamento crítico.

A nova face do "apagão de talentos", que assolou o Brasil no último — e raro — ciclo de prosperidade econômica proveniente do aquecimento do mercado de trabalho, dá as caras novamente e com novos contornos — agora, de maneira muito mais seletiva e desafiante, já que a complexidade para encontrar profissionais com o novo perfil demandado é espantosa.

Isso embute outro elemento de impacto estratégico para as empresas: os donos de talentos extraordinários — *virtuoses,* no jargão musical — são cada vez mais disputados no mercado de trabalho e, em resultado, constituem ativo escasso e caro. Diante disso, as organizações não podem se dar ao luxo depender de super-homens para seus quadros de colaboradores e líderes.

Paradoxalmente, na medida em que aumenta o nível de automação no ambiente empresarial, cresce a demanda pela contribuição de profissionais no que tange aos problemas complexos que demandam análise crítica, reflexão estratégica e outros atributos a que as máquinas — ainda — não conseguem atender.

Tradicionalmente, as organizações conduziram seus processos de contratação de profissionais privilegiando a formação acadêmica. Isso sempre teve mais peso do que as características individuais e comportamentais dos candidatos.

Do mesmo modo, sempre foram mais valorizados aqueles que tiveram a oportunidade de estudar nas principais escolas de negócios do mundo, em detrimento de todos os outros, o que fez com que, em muitas situações, fosse negligenciada a potencialidade particular de cada indivíduo — se não teve a oportunidade de frequentar essas instituições, ele seria um talento desperdiçado.

Hoje, em um movimento iniciado pelas novas organizações que lideram os negócios, sobretudo as do setor de tecnologia, ganha tração a tendência de contratar pessoas por atributos comportamentais, valorizando as características individuais de cada um independentemente de sua formação acadêmica.

A lógica por trás dessa prática é que o conhecimento técnico é passível de aprendizado mais rápido ou facilitado pela tecnologia. O fato de o indivíduo apresentar traços comportamentais alinhados com a cultura da organização e com as demandas da posição passa a ser mais relevante do que seu repertório de especialista. Se houver a ambição e o desejo de fazer acontecer, o profissional naturalmente preencherá suas lacunas.

As organizações só sobreviverão se contarem com um grupo de colaboradores competentes que levem seu trabalho a sério.

O MODELO DE PONTOS FORTES

Já falamos em mudança de modelo mental de liderança no Insight #4, mas isso vale para diversas áreas — se as crenças de cada um não mudarem, fica difícil promover a transformação necessária.

O estágio inicial para conquistar um novo posicionamento, que combine capital intelectual de qualidade com os talentos possíveis existentes no mercado, consiste em mudar o modelo mental que condiciona nossa rotina diária: habitamos um ambiente que dá excessiva atenção àquilo que não funciona, tentando sempre corrigir o que está ruim.

Repare, leitor: quando, em um contexto de antagonismos, temos de optar entre a excelência e o fracasso, nossa tendência é concentrar tempo e recurso para lidar com o fracasso.

O leitor quer um exemplo irrefutável desse padrão de comportamento?

Olhe para os processos de feedback. Note como sempre nos concentramos em entender nossos pontos fracos e ignoramos os fortes. Essa distorção acontece quando estamos dando feedback e também quando recebemos um.

Tal modelo mental tem efeitos catastróficos quando o que está sobre a mesa é a gestão de pessoas, pois a tendência é que o líder se concentre nos pontos fracos de cada indivíduo. Ao fazer isso, em vez de contribuir para a evolução de seu desempenho, ele destrói sua autoestima fazendo com que sua performance fique bem aquém de seu real potencial.

Nenhuma fortaleza é construída em cima de fragilidades. É nos pontos fortes que residem nossas maiores oportunidades.

Marcus Buckingham, autor do livro *Descubra Seus Pontos Fortes*, realizou uma abrangente pesquisa com o Instituto Gallup a respeito de performance profissional e organizacional.

Uma de suas principais conclusões foi a de que as companhias — e os líderes — que focam cultivar as forças dos empregados, em vez de simplesmente melhorar suas fraquezas, conseguem aumentos de eficiência radicais, ao mesmo tempo que possibilitam o máximo de crescimento e sucesso pessoal.

A pesquisa provou o que intuitivamente se percebe: pessoas crescem apostando em seus pontos fortes. É neles que estão as melhores chances de melhoria e crescimento profissional.

O primeiro pensador da administração a preconizar a importância de o trabalhador adotar essa visão foi o já citado Peter Drucker. O guru dos gurus sugeria que as decisões dos líderes sobre gestão e avaliação de pessoal se baseassem no que um indivíduo é capaz de fazer, ou seja, nos seus pontos fortes – e não nos seus pontos fracos.

Em suas duras palavras, os funcionários podem ser nossos maiores passivos, mas também constituem nossas maiores oportunidades. Todo líder deveria se concentrar nesse ensinamento de Drucker para gerar valor em cada indivíduo de sua equipe e para a corporação. Todo líder deveria tomar decisões pensando em maximizar as forças dos colaboradores. Só que... atenção: isso não significa ignorar suas vulnerabilidades, e sim tirar a relevância que estas possam ter. Sabe como?

A ABORDAGEM INDIVIDUALIZADA

Tudo começa com uma análise apurada que o líder deve fazer de cada componente de sua equipe. A partir disso, ele será capaz de oferecer a seus liderados uma orientação "sob medida", em que consigam aproveitar ao máximo seus pontos fortes e tornar suas fraquezas irrelevantes. Eis o segredo: toda ação deve ser desenvolvida para anular os pontos fracos na alavancagem das fortalezas individuais.

A tarefa básica de um gestor é transformar talento em desempenho.

Para que isso seja viável na prática é necessário que desenvolva um acompanhamento individualizado orientado a cada colaborador de sua equipe. Simples assim.

A chave está em desvendar o potencial das pessoas e dedicar tempo a desenvolvê-las. O líder de alto desempenho catalisa e alimenta o talento das pessoas e visualiza incrementos possíveis para o crescimento e alto desempenho de cada uma delas. Além disso, percebe cada indivíduo como um fim em si mesmo.

Não somos ingênuos. É inegável que essa postura representa um desafio importante no atual ambiente competitivo, em que a velocidade e diversidade das demandas apresentadas ao líder fazem com que, muitas vezes, ele tenha de abdicar da orientação individualizada aos seus colaboradores por um foco em tarefas de perfil mais tático.

O fato fundamental, porém, é que aumentar o valor do capital humano da organização, representado pela melhoria de desempenho de seus colaboradores, é sinônimo de aumento do valor total da corporação. Uma estratégia corporativa orientada a extrair o máximo potencial de cada profissional da empresa tem como um dos efeitos a geração de maior retorno financeiro para seus acionistas.

Maior retorno financeiro. Essa afirmação não pode ser refutada por nenhum líder de organização, independentemente de sua área de atuação ou posição hierárquica.

A essência da abordagem individualizada que propomos consiste em descobrir o que é único para cada profissional e capitalizar essa força. De novo, Drucker comenta: a diferença entre grandes gerentes e outros medianos é que os primeiros focam as fortalezas enquanto os últimos trabalham nas fraquezas, identificando os pontos fracos dos funcionários e buscando falhas para serem remediadas.

Boas ideias surgem de qualquer cabeça. Não importa o cargo de quem as propôs ou alguma situação particular. Essa visão é quase que um mantra no Vale do Silício, um dos principais clusters de inovação e empreendedorismo do planeta, e explica a alta concentração ali de companhias e profissionais protagonistas da economia global atual.

Uma técnica essencial para fazer esse sistema funcionar é a prática do coaching personalizado. Mais do que discutir o conceito desgastado do coaching oferecido pelas áreas de recursos humanos e por profissionais especializados no mercado, nós nos referimos à prática milenar que consiste em contribuir para o desenvolvimento individual das pessoas por meio de aconselhamento e compartilhamento de experiências.

Essa atividade pode ser realizada de forma estruturada obedecendo a uma agenda predefinida entre o líder e cada um de seus colaboradores.

Boas ideias surgem de qualquer cabeça. Não importa o cargo de quem as propôs ou alguma situação particular. Essa visão é quase que um mantra no Vale do Silício, um dos principais clusters de inovação e empreendedorismo do planeta, e explica a alta concentração ali de companhias e profissionais protagonistas da economia global atual.

Porém mais necessário do que a rotina em si é instituir o coaching como um elemento obrigatório da relação líder-liderados.

Quando há esse pressuposto em um ambiente de trabalho, fica claro que qualquer momento é válido e importante para um ensinamento, um conselho, uma correção de rota e toda e qualquer orientação destinada a extrair o máximo desempenho de cada talento da equipe.

Para que o coaching gere resultados efetivos é essencial que o líder conheça em profundidade o perfil de cada um de seus colaboradores. Só é possível uma contribuição real quando ela tem consonância com a realidade de cada um. O perfil de cada indivíduo da equipe é que oferecerá subsídios para que o líder entenda quais tarefas devem ser delegadas para quem, agora baseado nos pontos fortes ali reunidos. O líder deve delegar a cada pessoa atividades alinhadas com suas forças. Todas as outras atividades podem ser destinadas a outras pessoas com potencial para desempenhá-las com qualidade — essa é a base do conceito de complementaridade, aliás.

Assim, temos a essência de nossa abordagem: para transformar talento em desempenho, o líder deve tomar decisões de gestão de pessoas com base naquilo que uma pessoa pode fazer e, só então, exigir que faça isso.

A prática de acompanhamento de resultados será muito mais harmônica, já que está focada em uma visão compartilhada orientada a tarefas afinadas ao perfil de cada colaborador.

Nós nos referimos a algo muito diferente da clássica cobrança gerencial que tem como foco exclusivo "massacrar" o trabalhador batendo sempre na mesma tecla: suas fragilidades, aquilo que ele não faz adequadamente.

A ABORDAGEM COLETIVA

Se por um lado, o líder tem alto potencial para criar valor para seus subordinados incrementando sua performance, por outro, seu potencial de destruição do valor é igualmente enorme.

Quando idealiza um padrão de desempenho ou perfil profissional qualquer e não o reconhece em determinado membro de sua equipe, o líder, pelo menos o mediano, tende a ignorar todos os benefícios que essa pessoa cria para a empresa e desprezar sua ação. Agindo assim, ele mina a autoconfiança desse profissional e dispara um círculo vicioso que não favorece ninguém — nem a companhia, nem o indivíduo.

Preservar os indivíduos comuns e adequados também é função do líder. Em geral, as pessoas tendem a reconhecer mais facilmente quem tem talentos extraordinários, pois elas têm mais visibilidade na organização, e a negligenciar outros profissionais com talentos mais limitados, em um processo de questionamento de sua atuação que lança dúvidas sobre os resultados que esses colaboradores geram para a companhia.

Tal dinâmica é absolutamente nociva, pois cria uma atmosfera perversa e negativa em toda a empresa. Algumas vezes a situação evolui para um ambiente onde todos sabotam a todos — e os resultados nós já conhecemos.

Cabe ao líder zelar para que isso não ocorra, abrindo um diálogo franco com os demais colaboradores da companhia a respeito dos benefícios que cada componente da equipe gera, mostrando o valor criado por todos — e não restringindo seu foco aos donos de talentos considerados extraordinários. A visão corporativa que deve se estabelecer é que todo e qualquer indivíduo possui um talento. Não se trata de uma qualidade privativa de um pequeno número de iluminados da organização.

Respeitar a individualidade de cada um, alocando seu esforço nas atividades em que farão mais a diferença, contribui para mostrar à empresa como cada profissional, independentemente de sua qualidade individual, está sendo transformado em desempenho e criando valor para toda a companhia.

Ao navegar por toda a discussão levantada nesse material, uma questão pode estar martelando a cabeça do caro leitor: qual é o limite do trabalho com pessoas com talentos limitados? Até quando é plausível investir nessa perspectiva?

A resposta já foi dada ao longo deste capítulo.

É essencial que os talentos sejam transformados em desempenho. O ponto de inflexão e análise reside justamente no desempenho de cada colaborador da organização *vis à vis* as atividades que lhes foram delegadas. Essa análise nunca pode ter uma perspectiva de curto prazo. É necessário oferecer tempo para que o processo amadureça e gere os resultados almejados.

Tudo que dissemos aqui precisa ser feito de maneira compartilhada entre líder e liderado. O primeiro explicita para o segundo o que espera de sua ação individual. E vice-versa. A partir desse entendimento mútuo, os dois acompanham os resultados periodicamente, corrigindo a rota quando necessário e tomando as decisões que devem ser tomadas.

O ponto essencial que norteia toda essa jornada é a clareza de que o colaborador efetivamente compartilha dos mesmos valores e princípios da organização. Que sua visão está integralmente alinhada à visão da corporação. Que os propósitos são os mesmos.

As pessoas extrapolam seus limites quando se entregam a causas em que acreditam. Partindo desse ponto de vista, é possível engendrar uma ação individual que transforme a união de pessoas com talentos diversos em uma equipe com desempenho extraordinário.

CÃES E GATOS

Lembrando o dito popular "quem não tem cão caça com gatos", existem situações em que gatos se tornam tão bons caçadores quanto cães farejadores. Ou, voltando à metáfora do futebol do início, existem times que fazem mais gols do que os Messis e Cristianos Ronaldos com jogadores vindos de times da série B. Se mudar o modo de lidar com os talentos disponíveis, você provavelmente testemunhará isso em sua empresa, não importa se você é uma "dog person" ou uma "cat person".

Essa é a mais legítima missão de qualquer líder corporativo.

É impossível ter uma companhia apenas com pessoas com talentos excepcionais.

Equipes de alta performance são compostas por profissionais que individualmente apresentam qualidades boas e peculiares, e que, quando unidos por um mesmo propósito, ostentam um desempenho incomum.

EXPERIÊNCIA EXPANDIDA

Robinson Shiba, fundador do China in Box, confirma: pessoas comuns podem gerar resultados incomuns

É necessário obter alta performance de todos os colaboradores da companhia.

O desenvolvimento das pessoas requer uma mudança de modelo mental. Deve ser reorientado para "fortalecer as fortalezas" dos colaboradores, em vez de focar suas fragilidades.

A TAREFA BÁSICA DE UM GESTOR É TRANSFORMAR TALENTO EM DESEMPENHO ATUANDO EM DUAS FRENTES:

ABORDAGEM INDIVIDUALIZADA

* Conhecendo, em profundidade, o perfil de cada um de seus colaboradores.
* Acompanhando cada profissional para contribuir em anular seus pontos fracos e alavancar suas fortalezas individuais.

ABORDAGEM COLETIVA

* Zelando pelo comprometimento de cada indivíduo com os valores e princípios da organização.
* Alinhando as visões individuais com a coletiva.

Insight

#08

"LIDERAR É...
SONHAR,
com um
parafuso
a mais"

"Árvores não crescem até o céu, José." Essa frase é de Peter Drucker e foi dita, ao vivo e em cores, a um de nós, José Salibi Neto, em sua última entrevista antes de nos deixar, publicada na revista *HSM Management*. Tratava-se de uma explicação que o sábio mestre havia encontrado para o limitado ciclo de sucesso da maioria das empresas, de 30 anos em média. Com o passar do tempo, e as experiências acumuladas, vamos entendendo seu insight cada vez mais; Drucker estava falando do desafio fundamental da gestão, que é enganar a natureza mortal de tudo que envolve vida. Se o natural é o fracasso das organizações de negócios depois de determinado tempo, o trabalho dos gestores consiste fundamentalmente em "enganar" a natureza, fazendo essas organizações renascerem várias vezes para que sobrevivam e sigam progredindo.

A natureza confirmou o acerto da metáfora de Peter rapidamente. Passados apenas 29 meses de sua morte, em 2008, os cientistas descobriram um pinheiro de Natal de 9.550 anos de idade na Suécia, 4.550 anos mais velho daquela que hoje é considerada por muitos a anciã das árvores, um pinho de Bristlecone de pouco mais de 5 mil anos, localizado no Vale da Morte, na Califórnia, Estados Unidos. O aspecto interessante é que anciã sueca não alcança o céu como o pé de feijão do João da famosa história infantil, mas renasceu pelo menos três vezes, aparentemente porque, em vez de se verticalizar, dedicou-se a gerar três clones sob sua copa, com 375, 5.660 e 9.000 anos nas respectivas datações de carbono.

Iniciamos nosso texto com essa história por acreditar que a metáfora de Drucker explica quase tudo no mundo dos negócios. Aplica-se tanto às empresas a ser gerenciadas como às pessoas que as gerenciam. Em outras palavras: ou um indivíduo renasce várias vezes ao longo de sua vida ou, mesmo que sobreviva, não terá êxito profissionalmente (arriscamos dizer que também não o terá no âmbito privado, embora não queiramos entrar nesse mérito aqui). E vamos além; acreditamos que a probabilidade de empresas renascerem aumenta quando estão nas mãos de quem sabe dar à luz a si mesmo constantemente.

Muitos executivos brasileiros talvez não percebam, mas eles conhecem três cavalheiros com essa característica: Peter Drucker; Edson Bueno, o fundador do Grupo Amil, precocemente falecido em 2017; e Jorge Paulo Lemann, o mentor do Fundo 3G. Trata-se de três líderes. Três sonhadores. Três fábricas ambulantes de insights, sendo estes extensivos aos que os rodeiam. Os três com um parafuso a mais. Tivemos o privilégio de conhecê-los mais de perto, sobretudo um de nós — Salibi —, e assim desenvolvemos um insight particular a respeito deles.

Desde muito cedo admiramos os extremos no mundo da gestão: de um lado, os jovens empreendedores cheios de energia, espírito aventureiro e iniciativa; de outro, empresários veteranos com sua bagagem de experiência, conhecimento e intuição (que é a soma de experiência e conhecimento, afinal de contas). O fator fora da curva que é comum a Drucker, Bueno e Lemann é exatamente reunir essas duas extremidades do espectro — o mesmo segredo de sucesso do pinheiro de Natal sueco de nove séculos e meio. E o mundo os recompensou por isso com generosidade.

O leitor argumentará que os três são muito diferentes: um se dedicou ao estudo da gestão, a decodificá-la e recodificá-la; outro, focou os serviços — de saúde —; e o terceiro tratou principalmente de redesenhar indústrias de bens de consumo, em plena época da decadência industrial. É verdade. Mas repare como os três têm em comum, além da elevada capacidade de gestão, o renascimento frequente, de si mesmos e de sua atividade. Eles se parecem muito com as árvores vencedoras da natureza. E, ao mesmo tempo, reúnem duas das melhores qualidades da espécie humana: são visionários e têm senso de responsabilidade e de compromisso incomum, que chamamos singelamente de "parafuso a mais", parafraseando o ditado popular.

O leitor já vai entender por quê.

DRUCKER, O PRIMEIRO

Vale fazer um pouco de storytelling em terceira pessoa nesta seção. Peter Drucker tinha 81 anos de idade quando José Salibi Neto, então com 31, teve a felicidade de conhecê-lo. Havia tempo que a empresa fundada por Salibi, a HSM, queria trazê-lo para uma palestra no Brasil, mas sua esposa, Doris, andava adoentada, e ele não viajaria sem ela. Quando Doris melhorou e Drucker aceitou o convite, ele fez a Salibi um pedido inesperado de alguém de sua faixa etária: "Gostaríamos de aproveitar a viagem para conhecer as cataratas de Foz do Iguaçu e as Missões Jesuíticas no Paraguai." Salibi respondeu imediatamente que sim, esmerou-se em preparar o melhor roteiro possível e prontificou-se a acompanhá-los.

Drucker passou os cinco dias de viagem deslumbrado com a beleza do Brasil e Salibi passou os cinco dias deslumbrado com Drucker, tentando entender quem era aquele homem que subia e descia as escadas do Parque do Iguaçu como se tivesse 40 anos menos e que conhecia tão profundamente a história das missões paraguaias que um padre jesuíta local lhe perguntou se também ele era jesuíta.

Além desses cinco dias, Salibi passou os cerca de 15 anos de seu convívio com Drucker tentando montar o quebra-cabeças. Como era possível uma só pessoa ter tamanha quantidade, e variedade, de conhecimento? Ele nunca havia visto muitos livros na casa do mestre, e mesmo revistas de negócios eram incomuns — uma aqui, outra acolá. Ele, que analisava a tecnologia como um jovem da internet, usava fax e máquina de escrever. E, para além de enxergar (e compreender) o complexo e o complicado em tudo, ele conseguia traduzir isso de maneira tão simples que todos captavam com facilidade.

A professora Maria Thereza Leme Fleury, da Fundação Getúlio Vargas, foi particularmente feliz ao descrever Drucker em uma entrevista que ela concedeu à revista *HSM Management*: "O fato de [Drucker] transmitir uma ideia de maneira simples possibilita que você a discuta com muito mais qualidade. O autor hermético nos obriga a gastar tanto tempo para decodificá-lo que desanimamos. E ainda podemos descobrir que, atrás de todo aquele aparato, o conteúdo é pobre. Com Drucker acontece o contrário: ele tem ideias muito sérias, mas as traduz de forma bem simples. Isso faz com que você se sinta estimulado a debater com ele."

Essa sofisticação intelectual do velho mestre Maria Thereza atribuiu em parte a uma formação absurdamente abrangente e sólida feita na Alemanha e na Inglaterra, que conciliou filosofia, economia, administração, artes e outras disciplinas do conhecimento, de um tipo que dificilmente se consegue replicar nos dias de hoje. Nós complementamos o comentário contando que ele possuía uma impressionante metodologia de aquisição de novos conhecimentos: escolhia um tema específico e dedicava cinco anos a aprofundar-se nele; era um emérito "fazedor de perguntas"; convivia com as personalidades mais interessantes do planeta, de líderes empresariais e políticos a grandes pensadores — incluindo Sigmund Freud, que chegou a conhecer em Viena —, passando por pessoas-chave das organizações não governamentais, que vêm transformando nossa sociedade, e gente jovem.

Não à toa, Drucker se tornou o *role model* dos pensadores de administração de modo geral, não apenas por sua formação e produção, mas também por sua atitude. Ele foi a prova definitiva de que o profissional e o pessoal andam de mãos dadas. Quando deixou a New York University, ele podia escolher qualquer universidade que quisesse no planeta, mas preferiu ser o professor de uma pequena faculdade da Califórnia para poder fazer as coisas do seu jeito. Também tratou de criar uma fundação para o aperfeiçoamento da gestão de organizações sem fins lucrativos, que considerava essenciais para nosso futuro.

Apesar de todos esses insights, a última peça do quebra-cabeças Peter Drucker demorou para encaixar: esse senhor foi um iluminado. Não no sentido espiritual. É que a criação druckeriana acontecia de dentro para fora, como ocorre com todo grande gênio, e não de fora para dentro e novamente para fora. Em outras palavras, Drucker não se limitava a reprocessar o que existia; era um pensador original, com uma luz interior. Enxergava o que ninguém percebia, na empresa, na economia, na sociedade, no mundo. Via o futuro (ou o construía, como ele talvez preferisse dizer, ou, ainda, o sonhava, como seria no jargão empreendedor) e o fazia no eixo empresa–trabalho, um dos eixos mais fundamentais de nossos tempos.

Assim, Drucker conseguiu ser pioneiro em dezenas de áreas distintas. Assim, foi um dos responsáveis pelo sucesso da General Electric junto com o CEO Jack Welch, quando ela se tornou a empresa mais valiosa do mundo, entre 1981 e 2001. Assim, puxou o cordão do milagre japonês dos anos 1970 e 1980 e, muito provavelmente, tem seu dedo no atual milagre chinês também (como conta o fundador da Embraer, Ozires Silva, 20 anos atrás, o governo da China convidou Drucker a fazer um planejamento de longo prazo para as empresas daquele país). Drucker reconheceu muito cedo a importância da cultura organizacional, tão grande que demandava de líderes e gestores um *managing by walking around*, em que eles andavam pela empresa e trocavam ideias constantemente com os funcionários. Foi ele o primeiro a alertar para a transição rumo à era do conhecimento — cunhou a expressão "trabalhador do conhecimento" em 1959, que é a semente da era digital e o gatilho da transformação digital de que tanto falamos hoje.

Drucker dizia: "A decadência do setor industrial constitui a característica mais fundamental da nova revolução industrial pela qual passaremos e a informação será sua principal arma." Nem vou mencionar seu foco nos países emergentes muito anterior a estes virarem moda, lá pelos anos 1950 e 1960, em particular a Índia. E também o Brasil, ainda que em menor grau.

O carinho de Drucker pelo Brasil mereceria um capítulo à parte. Ele conhecia nosso país, entendia razoavelmente o português — embora não o falasse — e tinha real esperança de que nossos problemas fossem solucionados. Pelo que sabemos, de suas três últimas viagens internacionais, duas foram para o Brasil, em 1981 e 1984. Selecionamos abaixo alguns comentários dele sobre o Brasil, deixando-os para sua reflexão:

> Tenho observado a América Latina há mais de 70 anos e analiso o Brasil separado dela. Sabe por quê? Na minha opinião, não há outro país no mundo em que o sentido de nação seja tão forte quanto no Brasil. Eu posso provar isso, com uma história antiga, de 1955. Vim ao Brasil e visitei uma joalheria aberta por um refugiado húngaro chamado Hans Stern. Fiquei muito impressionado e, quando fui para o aeroporto pegar o voo de volta para casa, comentei com um funcionário do Ministério da Fazenda que me acompanhava: 'Que notável realização desse refugiado húngaro!' O jovem me corrigiu prontamente e de modo incisivo: 'O Sr. Stern não é húngaro; ele é brasileiro!' Essa história não se repetiria em outros lugares. Em nenhum outro país do mundo alguém com o sobrenome Kubitschek, filho ilegítimo de um carpinteiro tcheco, poderia ter sido eleito presidente. Só no Brasil. E digo mais: o povo brasileiro sabe que o Brasil é a mais forte nação do mundo hoje. Até existe no Japão um sentido nacional quase tão forte quanto o brasileiro, mas é excludente. No Brasil, alguém pode chegar e tornar-se brasileiro em cinco anos. Dá para perceber a força disso?"

“Devo dizer que vocês no Brasil talvez sejam críticos demais. Quando se coloca o progresso brasileiro num gráfico em linha reta, eliminando os altos e baixos, sua curva de desenvolvimento é uma das mais fortes da história. Mas os brasileiros parecem só acreditar em extremos: acham que estão lá no alto ou lá embaixo, nunca no meio.”

“As empresas brasileiras não aproveitam bem os excepcionais recursos humanos que possuem. Elas frequentemente se esquecem dos funcionários, até devido à origem familiar de muitas. Porém isso também está melhorando.”

“Aprendi que, no Brasil, as coisas dão certo quando são feitas ao modo brasileiro. É um modo que provavelmente não funcionaria em nenhum outro lugar do mundo, mas que funciona no Brasil. Um mistério.”

Voltando à árvore com clones e ao parafuso a mais, o leitor tem alguma dúvida?

BUENO, O SEGUNDO

Nunca alguém se aproximou realmente de Edson de Godoy Bueno e saiu igual.

Bueno, fundador do Grupo Amil, tinha essa incrível capacidade de transformar pessoas. Transformava garçom em gerente, assistente de pedreiro em assistente da academia de tênis, muitos médicos em grandes administradores. Esse é um poder digno dos super-heróis da Marvel, se você pensar bem. Ou dos supervilões, se for usado para o mal. Esse poder de influenciar é similar ao do Professor Xavier, dos X-Men, e do vilão Kilgrave, o principal inimigo de Jessica Jones.

Certamente esse poder extraordinário de Bueno contribuiu muito para a trajetória de seu Grupo Amil. Com aquisições ousadas e também organicamente, e sempre aprendendo com os reveses, a empresa se tornou a maior operadora privada de saúde do Brasil e uma das maiores da América Latina, e foi comprada em 2012 pela gigante norte-americana United Health por um valor extraordinário — US$4,9 bilhões por 90% das ações. Bueno conseguiu conduzir essa história sem deixar, nenhum minuto sequer, de se entregar à sua paixão, que era esculpir pessoas para que atingissem a grandeza como um artista esculpe o mármore para descobrir a beleza.

Esculpir, no caso de seres humanos, é um trabalho de aprender e ensinar. No caso de Bueno, poderiam ser simplesmente uma característica de sua formação de médico-cirurgião. Mesmo nos dias de hoje, nenhum profissional precisa atualizar tanto seu conhecimento quanto um médico. E nenhum profissional tem de compartilhá-lo tanto quanto um cirurgião, que sempre opera em equipe e precisa que os outros tenham, em suas respectivas funções, a mesma destreza que ele. Mas ele levou a ideia da medicina para a gestão, uma transferência nada fácil de implementar — e a institucionalizou. Não é que o Grupo Amil tenha uma universidade corporativa apenas, embora a tenha. O Grupo Amil é — ou foi, sob sua batuta — uma universidade corporativa. Bueno chegava a inventar missões impossíveis só para que seu pessoal aprendesse mais. Por exemplo, se seus executivos estavam se achando os melhores do setor no Brasil, ele os colocava para competir no mercado norte-americano, com os melhores do mundo. "A gente só melhora quando compete com os melhores", costumava dizer. Fazia isso mesmo sem o negócio nos EUA valer realmente a pena.

Vamos recorrer de novo ao storytelling em terceira pessoa. Salibi conheceu Bueno no final dos anos 1980, quando a HSM dava seus primeiros passos e a Amil era uma empresa média que faturava uns US$120 milhões por ano. Ele e um grupo de dez executivos, entre os quais Jorge Ferreira da Rocha, compareciam a todas as palestras da HSM, sem exceção, em uma disciplina de aprendizado que saltava aos olhos. Os dois se aproximaram e, passo seguinte, fizeram amizade; mais do que isso, Salibi virou fã de Bueno.

A "incubadora" do empreendedor Bueno foi Guarantã, uma cidadezinha de 2 mil habitantes perto de Marília, no oeste paulista, e seu sotaque "caipira" não escondia essa origem. O menino, que ficou órfão de pai aos cinco anos de idade, sonhava em ser doutor como o vizinho médico, Moacir, a quem via salvar vidas, de quem ouvia histórias, que era seu herói e inspiração. Foi estudar na mesma faculdade de medicina que Moacir, segunda mais antiga do Brasil, localizada na Praia Vermelha, no Rio de Janeiro, e parte da Universidade Federal do Rio de Janeiro (UFRJ). De família humilde, dividiu uma quitinete com nove estudantes e fez o curso com o salário mínimo que a mãe lhe enviava mensalmente e uns trocados obtidos em aulas particulares que dava nas férias.

No último ano de faculdade, em 1972, surgiu a primeira grande oportunidade de Bueno. Ele dava plantões na Casa São José, maternidade da cidade de Duque de Caxias que contabilizava quatro meses de salários atrasados. Um dos dois sócios procurava um médico que assumisse suas dívidas em troca de 50% do negócio, e o único que aceitou o desafio foi Bueno. Passou a tratar as grávidas com mais gentileza — oferecendo-lhes lanche, por exemplo, e transporte gratuito numa Kombi para subirem o morro —, colocou as contas em ordem e, em cinco anos, transformou aquela na maior maternidade privada fluminense.

Logo apareceu outra chance para o médico recém-formado: controlar um hospital de 18 leitos que atendia a todas as especialidades. Bueno o converteu em hospital pediátrico e aumentou para 72 o número de leitos. Tinha dominado o atendimento a gestantes e a crianças. O desafio seguinte foi o próprio Bueno que se impôs: erguer um hospital geral, cujo maior diferencial fosse o centro de terapia intensiva (CTI), algo inexistente no estado do Rio de Janeiro naquela época. Novamente deu certo. Assim, Bueno se tornou o dono de 75% da receita de gastos com saúde dos 500 mil habitantes de Duque de Caxias.

Isso, no entanto, era um "rio pequeno" no horizonte de Bueno; ele queria conquistar o "mar". Decidiu entrar na área de administração de planos médicos, que crescia ininterruptamente. Em 1978, fundou a Amil. Quando alguém pedia para Bueno explicar seu dom do crescimento, ele dizia: "Copio o que existe de melhor no mercado e inovo a partir disso." Ele inovou muito, de fato, e desde o início. Se as outras empresas eram geridas por advogados, a Amil seria gerida por médicos. Se nas outras empresas o expediente acabava às 18 horas, ele ofereceria um então inédito teleatendimento 24 horas.

As inovações são uma constante do Grupo Amil sob Bueno. Para dar apenas alguns exemplos, estamos falando de inovação no serviço: o porteiro do hospital Amil trata o paciente como hóspede. Inovação na estrutura: o grupo tem hospitais próprios, laboratórios, farmácias, helicóptero, avião, ambulâncias superequipadas. Inovação no marketing: política de carência zero, citação dos concorrentes na publicidade. Inovação na gestão do conhecimento: correr riscos em nome do aprendizado das pessoas (desde que os riscos não comprometam, logicamente, o atendimento aos seus clientes). Inovação nas estratégias para superar crises setoriais.

Olhando em retrospectiva, consideramos surpreendente o grau de envolvimento de Bueno nos negócios, e suas declarações, citadas a seguir, comprovam isso:

Se você pegar minha agenda, verá que tenho reunião com recursos humanos quase diariamente, porque essa é a coisa mais importante; tenho reuniões semanais com os gestores das empresas recém-adquiridas — a frequência diminui conforme a integração progride, até virar bimestral ou trimestral —, e tenho reuniões mensais com os departamentos de compras e de tecnologia da informação, e com cada grupo de empresas. Cobro cada detalhe de cada setor."

“Mais importante que o controle, algo impossível hoje, é o autocontrole, que desenvolvi minha vida toda. Se você perguntar para minha mulher quantas vezes por ano eu chego em casa deprimido, provavelmente ela dirá: ‘nenhuma’. Para isso, uso o raciocínio da relatividade: ‘Foi ruim? Podia ter sido pior.’ Minimizo os problemas, transformando os Everests em montinhos pequenos.”

“Decisões importantes são tomadas com pouquíssimas pessoas — seis, no meu caso —, até para que não vazem informações, o que pode ser uma catástrofe. São os executivos mais próximos e os superintendentes das regionais. Mas existem decisões que tomo sozinho. Percebi que determinados cavalos passam por sua vida só uma vez e não podemos perdê-los. A decisão de transformar a Amil em uma empresa aberta começou assim, só comigo.”

“Para ser a melhor empresa em uma área e superar os competidores, você tem de ter as melhores pessoas. Para tê-las, você precisa lhes dar treinamento e ter um comprometimento “louco” da parte delas — e de seus gestores — com a qualidade. Então, você não pode abrir mão de pessoas fanáticas por aprender, treinar e desenvolver-se e por lançar sempre os melhores produtos no mercado.”

“Em nossas fusões, não abrimos mão da nossa cultura, dos nossos valores e princípios. Acho que o fracasso ocorre quando, no espírito de conciliação, a empresa compradora se deixa ‘contaminar’ pela cultura da comprada, com um resultado multifacetado.”

Vivemos e respiramos management diariamente. E podemos afirmar que o Grupo Amil sob Edson Bueno, atuando num setor tão sensível e complexo como o da assistência médica, pode ser visto como benchmark mundial. Não estamos sozinhos ao dizê-lo; renomados experts internacionais nos fazem coro: Philip Kotler, o grande mestre do marketing, dedicou à Amil algumas páginas do livro *Marketing para o Século 21*; Stan Rapp, Tom Peters, Al Ries e Regis McKenna registraram por escrito seu encantamento com o Grupo Amil.

A prova da relevância de Bueno para o negócio ficou clara em uma reportagem publicada pela revista *Exame* em outubro de 2015. Dizia o texto: "A empresa que os americanos compraram do médico Edson de Godoy Bueno era líder do mercado de planos de saúde no Brasil e fechava seu balanço no azul. De lá para cá, começou a perder dinheiro." A United Health tomou um choque de Brasil, é verdade — esse não é um país para amadores, como diz a sabedoria popular. Mas é possível especular, em linha com nosso raciocínio, que Bueno mantinha o frescor empreendedor em conjunto com a solidez da experiência, como o pinheiro de Natal sueco, o que talvez faltasse aos executivos da empresa norte-americana — como falta à maioria dos gestores. Bueno continuava na presidência em 2015, porém não era mais o dono, o que limitava suas ações.

Para finalizar, Bueno representou quase literalmente a metáfora da árvore que produz clones. Cada pessoa que transformou, cada colaborador que ensinou, foi como se ele se perpetuasse ali, a si e ao Grupo Amil. E o médico de Guarantã o fez com um parafuso a mais, chamando para si toda a responsabilidade e comprometendo-se em definitivo com o Brasil.

LEMANN, O TERCEIRO

Nas décadas de 1970 e 1980, um jovem operador do mercado financeiro chamado Jorge Paulo Lemann foi buscar inspiração em três empresas internacionalizadas e ultracompetitivas dos Estados Unidos: o banco

Goldman Sachs, o Walmart e a General Electric. Sua ambição era formatar nos mesmos padrões a cultura de sua corretora de valores Garantia, que havia montado com sócios não fazia muito tempo.

O mundo deu voltas e, nos anos 2010, Lemann e seus sócios no fundo do private equity 3G, Marcel Telles e Carlos Alberto Sicupira, exportam essa cultura reprocessada, e abrasileirada, para o mundo inteiro, no setor de bens de consumo. Atuam na indústria de bebidas por meio da AB InBev, dona da Ambev, da Interbrew e Anheuser-Busch, que fatura várias dezenas de bilhões de dólares por ano. Atuam na indústria alimentícia, com a Kraft Heinz, guarda-chuva de Heinz e Kraft Foods. Atuam nos serviços de restaurantes fast-food com a Restaurant Brands International, que inclui Burger King e Tim Hortons. Atuam no varejo, em que possuem Lojas Americanas e B2W, de e-commerce.

A virada, eminentemente cultural, começou quando o triunvirato comprou a Brahma, diriam uns... ou quando esta comprou a Antarctica, na opinião de outros, fazendo nascer a Ambev. Há quem afirme que o início da história mesmo foi a fundação da Corretora Garantia, depois Banco Garantia. Mas nós escolhemos cravar o ponto de partida nesse benchmarking feito com companhias dos Estados Unidos. Não porque eles tenham imitado o que se fazia lá fora. O mais importante foi eles — Lemann, em primeiro lugar — desenvolverem a percepção da importância das culturas organizacionais e a habilidade de estudá-las, selecionar seus pontos fortes e cabíveis para seus casos, adaptar o que era necessário e aplicar os ensinamentos aqui.

Lemann é um *role model* de muita gente, e ele também é um exemplo para nós dois. Mas o storytelling em terceira pessoa é de serventia também nesse relato, porque Lemann é amigo e companheiro de quadras de tênis de Salibi. Quando os dois jogam, é como se estivessem na quadra central de Wimbledon, na final, com competitividade extrema. Mas fora da quadra, a conversa rola solta — e, em geral, termina em gestão, uma paixão compartilhada por ambos. Nessas conversas, eles relembram o aprendizado de Lemann com o banco Goldman Sachs, graças ao qual a meritocracia, o treinamento intenso e a necessidade de dar oportunidades às pessoas para que cresçam entraram na pauta. Também citam o legado de Sam Walton e seu Walmart, como a ideia de que, para chegar ao pote de ouro no fim do arco-íris, é preciso ter paciência e percorrer todo o arco-íris, além de motivar muito os funcionários, tratá-los bem e aos clientes também. Nessas conversas, Lemann dá a impressão a Salibi de que os relatórios anuais da General Electric eram lidos por eles do mesmo jeito que os cristãos praticantes leem a Bíblia.

Com essas inspirações, Lemann criou a cultura que antes era denominada Garantia e agora virou "cultura 3G". Há muitas lendas em torno dela, há os princípios em que se traduziram (conforme tratados no Insight #1 deste livro), mas trazemos aqui duas definições rápidas. Uma é de Francisco Homem de Mello, autor de um livro sobre o "jeito 3G", que definiu essa cultura organizacional como "máquina de execução". Outra definição, já bem mais detalhada, é do próprio Lemann, apresentada a seguir em duas partes:

Basicamente, nossa cultura acredita muito no indivíduo e na vontade e na competência dele de fazer as coisas. É uma cultura que crê também que as pessoas têm de trabalhar juntas e numa direção comum, do sonho grande. E, importante, é uma cultura que aposta em rachar lucros. Nunca fomos os tipos de empresário que querem os lucros todos para si e vê o resto como 'os índios'; nossa visão da finalidade do lucro é atrair gente talentosa e boas oportunidades de negócios. Também é uma cultura que valoriza a simplicidade e a ousadia criativa, que são coisas bem brasileiras, ao lado da alegria motivacional."

O resto da cultura é trabalhar duro, pesado, muito. E uma parte essencial é a comunicação absoluta e a informalidade; tudo é falado abertamente, nem parede temos em nossas salas, e todo mundo se preocupa em educar o outro sobre gestão. Até porque, dentro da nossa cultura, ninguém progride se não criar um substituto. Formar líderes, o tempo todo, é condição fundamental."

Guarde cada palavra que acabamos de reproduzir e não apenas o "sonho grande", que ganhou os holofotes. Dê crédito aos verbos "acreditar" e "crer", associados aos funcionários, e à subsequente ideia de "rachar lucros". Pense em "trabalhar juntas" como algo de verdade, não um teatro segundo o qual um faz todo o trabalho e o outro manda e fica cobrando. Imagine "atrair gente talentosa" como finalidade. Repare no uso de termos como "simplicidade" e "ousadia criativa", que Lemann classifica como atributos "bem brasileiros" — haja ousadia criativa para mexer com ícones nacionais como a cerveja Budweiser e o ketchup Heinz. Reflita comparativamente sobre a aplicação de "alegria", "comunicação", "informalidade" e dos advérbios "duro, pesado, muito" complementando o verbo trabalhar. Internalize conceitos-chave como "educar sobre gestão" e "criar um substituto". (Não falamos da famosa redução de custos, mas educar sobre gestão é, necessariamente, educar também para reduzir custos.)

Ficamos só imaginando o susto dos belgas quando essa turma de brasileiros munida de tantas ideias poderosas apareceu na Interbrew no começo deste século falando em fusão. Para todos os efeitos, e de acordo com todas as concepções existentes, o grupo de Lemann era o dos "atrasados" do novo mundo, e os europeus representavam os sábios e experientes do velho continente. E, de repente, os belgas se viram diante de gestores brasileiros que podiam virar de cabeça para baixo sua cultura gerencial, e se curvaram a isso. Criou-se a InBev, em 2004, mas prevaleceu a Ambev na cultura — ou seja, prevaleceu a cultura 3G.

Muitos povos mais tomariam sustos — os norte-americanos da Heinz Kraft e da Anheuser-Busch, os canadenses da Tim Hortons e até os holandeses e ingleses da Unilever, embora a proposta de fusão entre Unilever e Kraft Heinz feita em parceria com Warren Buffett em 2017 não tenha vingado. Não importa, obstáculos estão no script. Fechamos os olhos e pensamos nas metáforas de Jorge Paulo e sua equipe sendo utilizadas mundo afora, com coreanos, chineses, norte-americanos, mexicanos etc. "Liderar é como preparar uma omelete; tem várias maneiras de fazer. Existem vários tipos de líder, o carismático, o mais quietinho etc. O ovo e a frigideira em comum que todos têm, de alguma maneira, é um sonho grande e a capacidade de envolver as pessoas em volta de si, para que muitos empurrem o sonho na mesma direção [da realização]."

Lembra que falamos em nascer várias vezes. Drucker nasceu muitas e Bueno também, enfrentando toda sorte de reveses, e Lemann está prestes a nascer outra vez. Como escreve Homem de Melo em artigo na revista *HSM Management*, Lemann tem total consciência de que o modelo de execução que criou com seus sócios, o "jeito 3G", tem seus limites, e que estes vêm sendo testados. "O maior deles é que o modelo de gestão baseado nas metas anuais e remuneração variável é excelente para aquisições alavancadas de negócios grandes e ineficientes, mas não conduz as pessoas à inovação e à agilidade... O bônus baseado nas metas leva ao foco excessivo nas lacunas que já são conhecidas e garante pouca atenção à exploração do desconhecido — que é, justamente, o processo de inovação."

Para Melo, as empresas 3G vivem o dilema de equilibrar inovação e execução. Um indicativo de que isso já está a caminho é a criação da incubadora de negócios ZX Ventures, que opera como uma unidade autônoma.

Se houve uma verdadeira fábrica de clones, seriam as organizações do Fundo 3G. Elas clonam Lemann e seus sócios para liderar as operações e o fazem em âmbito mundial, não só local. E há uma clonagem em relação a todas as empresas do Brasil. Profissionais com Ambev no currículo têm as portas imediatamente abertas em quase qualquer empresa. Isso porque Lemann, Telles e Sicupira estão semeando uma revolução maior, ao minar a cultura nacionalista, pouco empreendedora e pouco competitiva vigente no país e substituí-la por outra que seja o oposto.

A nosso ver, Jorge Paulo está contribuindo para o Brasil com três lições valiosíssimas:

1. A de que educação ajuda os negócios em vez de atrapalhar, como o modelo mental escravocrata nos fez acreditar por muito tempo — isso é feito com investimentos em organizações não governamentais pró-educação, como a Endeavor entre elas.

2. A de que o pensamento de longo prazo é algo que funciona e deve ser perseguido e que empresas duradouras são as que mais valem a pena, o que é mostrado com seu exemplo.

3. A de que é preciso pensar e atuar globalmente, algo que faltava no tecido essencial de nosso país devido aos séculos de economia fechada. Lemann e seus sócios fazem mais do que comprar empresas no exterior; estão mostrando ao empresariado brasileiro que não devemos nada a executivos de nenhum país e que podemos ser globais. Mostram isso pelo exemplo também.

Há alguma dúvida sobre o parafuso a mais de responsabilidade desse visionário? Sobre o parafuso de compromisso com o país? Ou sobre sua capacidade de criar clones? Nossa única imprecisão, talvez, seja colocar praticamente todo o peso nas costas de Lemann. Como dissemos, ele é um homem de equipe; ele é pelo menos três, com os sócios Telles e Sicupira. Trata-se de um triunvirato que já dura mais de 30 anos — os Beatles sucumbiram, os Rolling Stones se tornaram dinossauros de um rock só, mas esses sócios continuam juntos e produtivos.

QUEM SERÁ O QUARTO?

Em plena época de disrupções digitais, o leitor pode querer associar o líder do tipo "árvore sueca e clonada de 9.550 anos" às figuras que comandam os quatro gigantes da tecnologia dos Estados Unidos — Alphabet (Google), Amazon, Apple e Facebook. Estamos falando de Sergey Brin e Larry Page, bem como de Jeff Bezos, Steve Jobs e Mark Zuckerberg — Steve Wozniak, mais nerd, não teria esse perfil, e talvez Elon Musk, da Tesla Motors, pudesse ingressar na lista.

Talvez você considere um atrevimento da nossa parte o fato de não incluir aqui esses unicórnios (talvez o certo seja chamá-los de "pós-unicórnios"). Talvez ache descabida nossa preferência por nomes "old school" e até personalidades "made in Brazil". Pois nossa resposta é que defendemos as nossas escolhas, não só pelas razões já expostas, como também porque elas foram aprovadas no teste do tempo. Lembrem que o pinheiro sueco tem 9.550 anos e já viveu muitas adversidades. Esses pós-unicórnios têm chance de entrar nesse time um dia — não há como negar que Bezos, por exemplo, é um candidato de respeito —, mas ainda é cedo para isso. Infelizmente, Jobs morreu jovem demais e não entrará. A longevidade é uma precondição da liderança que acabamos de descrever.

Para nos sentirmos confortáveis em classificar esses líderes sonhadores com um parafuso a mais, julgamos necessário haver uma distância curta entre nós e eles, que nos coloque no papel de observadores privilegiados de seus pensamentos e ações, que nos permita entender até que ponto eles sonham de verdade e em que medida possuem um parafuso a mais. Ao menos por enquanto, nenhum de nós dois convive nesses termos com os homens-unicórnios dos Estados Unidos, mas quem sabe um dia, em uma nova edição deste livro... (risos)

Em paralelo, acreditamos que candidatos a um quarto nome para este capítulo poderiam ser procurados também em paragens menos óbvias. Por exemplo, vale prestar atenção no arco da história de Flávio Augusto da Silva, o "Silva" que construiu uma das maiores redes de escolas de inglês do Brasil, a Wise Up, e se atreveu a aventurar-se pelas terras do Tio Sam ao ter a visão da evolução do soccer, nosso futebol, nos Estados Unidos (o Orlando City Soccer, time que ele adquiriu, já se configura em um dos mais vibrantes cases do marketing esportivo mundial). Nas interações com Sandro Magaldi, com quem cofundou a startup MeuSucesso.com, Flávio sempre impressionou por sua sagacidade, ousadia e interesse em transformar a vida das pessoas com sua obra. Seguramente, é um empreendedor com um parafuso a mais.

ÁRVORES QUE DESCOBRIRAM COMO CRESCER INDEFINIDAMENTE

O leitor atento provavelmente já entendeu. Há mais em comum entre esses quatro grandes homens do que árvores antigas e clonáveis, parafusos a mais e sonhos como motor principal. Os quatro compartilham uma atitude-padrão, denominada "coragem" por alguns, "independência" por outros, que os faz agigantar-se quando a maioria se apequena no espaço das dificuldades ou no tempo da aposentadoria.

Não nos cansamos de admirá-los, e se o leitor respirar fundo conseguirá fazer o mesmo. Você não há de enxergá-los apenas cercados de clones sob suas sombras protetoras; você os verá crescer, metaforicamente, para os lados — uma imagem poética do futuro e do longo prazo de que tanto precisamos.

EXPERIÊNCIA EXPANDIDA

José Salibi Neto fala de três visionários dos negócios mundiais e de seus "parafusos a mais"

DRUCKER, O PRIMEIRO

O **PRINCIPAL** pensador da história da gestão mundial enxergava o que mais ninguém percebia.

Pensador original, foi pioneiro no desenvolvimento de inúmeros conceitos e esteve presente em dezenas de conquistas corporativas como, por exemplo:

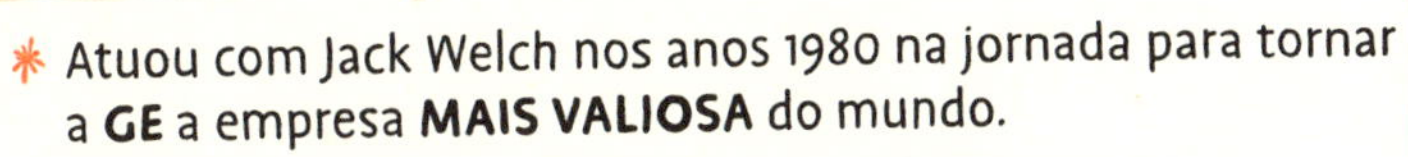

- Atuou com Jack Welch nos anos 1980 na jornada para tornar a **GE** a empresa **MAIS VALIOSA** do mundo.
- Foi protagonista no **MILAGRE JAPONÊS** dos anos 1970 e 1980. Participou do planejamento de longo prazo na China na década de 1990.
- Foi um dos primeiros a reconhecer a importância da **CULTURA ORGANIZACIONAL**.
- Cunhou a expressão **"trabalhador do conhecimento"** em 1959 para representar a transição para a era do conhecimento, que é a semente da era digital e o gatilho da transformação de que tanto falamos hoje.

BUENO, O SEGUNDO

É **FUNDADOR** do Grupo Amil.
Incrível capacidade de transformar pessoas.
Construiu um dos maiores empreendimentos da área de saúde do Brasil.

ALGUMAS VISÕES RELEVANTES:

- "Mais importante que o controle, algo impossível hoje, é o autocontrole."
- "Decisões importantes são tomadas com poucas pessoas, mas existem decisões que tomo sozinho. A decisão de transformar a Amil em uma empresa aberta começou assim, só comigo."
- "Para ser a melhor empresa em uma área e superar os competidores, você tem de ter as melhores pessoas."
- "Em nossas fusões, não abrimos mão da nossa cultura, dos nossos valores e princípios."

LEMANN, O TERCEIRO

Um dos principais empreendedores da história do Brasil e do mundo.
Exportou a cultura corporativa forjada desde sua experiência no Banco Garantia para o mundo todo.

3 LIÇÕES VALIOSAS DO EMPREENDEDOR:

1. Educação ajuda os negócios em vez de atrapalhar.
2. Pensamento de longo prazo é algo que funciona e deve ser perseguido, e empresas duradouras são as que mais valem a pena, o que é demonstrado através de seu exemplo.
3. É preciso pensar e atuar globalmente.

Insight
#09

GESTÃO ORIENTADA *para* servir (GOS)

O que aprendemos fora das escolas de negócios é que o mundo corporativo é repleto de meias verdades. Ou, dito de outro modo, é povoado por frases politicamente corretas que na teoria funcionam muito bem, porém na prática...

Vejam o caso do relacionamento das organizações com seus clientes. Aponte-nos uma única companhia que não coloca entre um de seus principais objetivos atendê-los com excelência. Das empresas do setor financeiro às telecom, passando pelo setor alimentício e automobilístico, asseguramos que o leitor não encontrará uma única companhia que não verbalize como um de seus maiores interesses a qualidade do relacionamento com seus clientes.

Mas e na prática?

Não é necessário ser nenhum gênio crítico para concluir que existe algo errado nesse discurso. Como dizia o saudoso amigo Mário Castelar, experiente executivo de marketing, se as empresas buscassem orientar-se genuinamente aos interesses de seus clientes, não haveria a necessidade de tantas leis para normatizar a relação. Um site como o Reclame Aqui, por exemplo, nem existiria.

Há uma enorme lacuna entre a teoria e a prática do mercado na área de atendimento.

Por quê?

De duas, uma: ou as empresas não consideram relevante servir seus clientes com excelência ou elas realmente não sabem como fazer isso.

Eliminamos a primeira hipótese pela simples constatação de que, mesmo que a organização não queira fazê-lo, não existe mais alternativa. Criamos um ambiente com consumidores muito poderosos que demandam essa postura, e é um caminho sem volta. Sendo assim, só nos resta desenvolver a segunda possibilidade: as empresas simplesmente não sabem como se organizar para servir seus clientes com excelência. É algo muito difícil para elas.

POR QUE É TÃO DIFÍCIL?

A fim de responder a essa pergunta, arriscaremos, com uma boa margem de segurança, duas suposições:

1. Essa história de atendimento ao cliente com excelência é muito nova no ambiente empresarial.
2. A velocidade dos acontecimentos — e sua consequente imprevisibilidade — induzem o foco das empresas no curto prazo, o que as faz priorizar táticas em detrimento de estratégias de orientação aos clientes.

Permita-nos desenvolvê-las para que o gargalo fique mais claro. Afinal, já é amplamente sabido que somente com a real compreensão do problema — não apenas a compreensão racional, mas também em nível emocional — é que se pode chegar à sua solução.

Mudança de anteontem

Tradicionalmente, quem sempre deu as cartas no ambiente empresarial foram as empresas; aos clientes cabia o papel de se adaptar às ofertas para eles desenhadas. Emblemática a esse respeito é a célebre frase de Henry Ford, que norteou toda estratégia da mítica companhia automobilística: "O cliente pode comprar qualquer carro desde que ele seja preto."

Pois os tempos mudaram — ainda que pareça que foi anteontem. A combinação de excesso de opções (aumento do nível de competitividade) com excesso de informações (advindas da revolução tecnológica e do acesso à internet) transformou clientes comuns em "clientes superpoderosos do século XXI".

Agora são nossos clientes que dão as cartas, uma vez que têm liberdade de ir e vir entre nossa empresa e as concorrentes. Eles tendem a ser inconstantes e a conquista de sua fidelidade se tornou uma verdadeira batalha campal.

A armadilha da velocidade

Que a sociedade atual é caracterizada pela velocidade todo mundo sabe, trata-se de "chover no molhado". Porém há confusão no entendimento de como esse fenômeno impacta o ambiente corporativo.

Sem nenhum compromisso científico, vamos refletir sobre o que de fato representa a velocidade em nosso ambiente. Recorde-se daquelas aulas de física da sua adolescência. Você se lembra da fórmula da velocidade? É o tempo dividido pelo espaço. A equação é simples:

$$\text{Velocidade} = \Delta s / \Delta t$$

O que aconteceu com o fator "tempo" nos últimos anos? Nada. Afinal, nosso dia continua tendo 24 horas (por mais que nós, muitas vezes, imaginemos que tem mais de 30), uma semana é composta por 7 dias e assim por diante.

E o fator "espaço"? No sentido literal, pouca coisa mudou, pois nos referimos ao espaço físico da mesma forma que no passado. Porém ocorreu um fenômeno que extrapolou o próprio conceito a respeito do termo: o espaço virtual. Com o advento da revolução tecnológica o conceito de espaço aumentou à enésima potência.

Anos atrás só nos relacionávamos com as pessoas e empresas que, de alguma forma, conseguíssemos visitar pessoalmente — incluindo aí as comunicações telefônicas, muito precárias, a propósito — e pelo correio. O alcance de nossas ações tinha clara limitação física.

Como funciona o mesmo contexto após a disseminação da comunicação digital pelo mundo?

Você se relaciona com todo o mundo e um número muito maior de pessoas — que, muitas vezes, nem conhece pessoalmente. Veja quantos seguidores você tem em suas redes sociais; observe com quantas pessoas se relaciona diariamente em seus aplicativos de mensagens instantâneas, como o WhatsApp e o Messenger, e note que sem a internet você não conseguiria interagir de maneira frequente com todas elas.

Trazendo essa questão ao mundo corporativo, temos um ambiente em que as companhias não competem mais com as empresas de sua cidade, estado ou país. Elas concorrem com organizações de todo o mundo. Uma das plataformas de e-commerce mais populares do Brasil é a chinesa Alibaba, que nem sequer tem operação formal em nosso país, centralizando suas operações em seu país de origem. De modo muito tangível, o empreendedor que tem uma loja de roupas em uma cidade de pequeno porte em qualquer estado brasileiro está concorrendo com uma das maiores empresas de e-commerce do mundo, cujo negócio é conduzido do outro lado do planeta. Isso sem contabilizar a norte-americana Amazon e outras novidades globais que surgem quase diariamente e conquistam os ávidos consumidores brasileiros.

Essa dinâmica levou o conceito de espaço a uma expansão exponencial.

Na equação da velocidade, o denominador (tempo) se manteve estável, enquanto o numerador (espaço) cresceu exponencialmente. Assim, como o resultado aumenta na mesma proporção que aumenta o numerador, a velocidade do mundo — corporativo ou não — explodiu nos últimos anos.

E quais os efeitos disso?

Imagine que você esteja guiando um automóvel. Quando a velocidade é mais lenta, seu controle é maior e a situação mais confortável e previsível. Mas, se a velocidade começar a subir exponencialmente, o sistema ficará mais instável e você se sentirá mais inseguro para dirigi-lo. Uma curva súbita pode fazer o carro desgarrar, a ultrapassagem torna-se mais arriscada etc.

Por conta da instabilidade e a insegurança, o aumento da velocidade dos fatos no mundo gera pessoas, e um ambiente, que tendem à paranoia e ao descartável.

Andy Grove, um dos principais líderes da história empresarial mundial, atuando como CEO da Intel, já dizia que só os paranoicos sobreviverão. Na mesma linha, porém bebendo de outra fonte, podemos recorrer ao sociólogo polonês Zygmunt Bauman, que no início dos anos 2000 publicou a tese que sentencia que a sociedade em que vivemos se caracteriza pela "modernidade líquida", ou seja, mal assimilamos um conceito e logo somos obrigados a assimilar outro.

Note que esses dois pensadores viveram em um ambiente sem o efeito avassalador da internet. Ou seja, tudo que eles previram foi ainda mais acelerado ao longo das últimas décadas.

A dinâmica das "tendências do momento", que alguns preferem chamar de modo simplista de "modas" ou "modismos", tem como efeito um contexto pró curto prazo, ou seja, em que o foco principal de todos os agentes tende a estar centrado no imediatismo.

No ambiente de negócios, gestores e empresas tendem a abrir mão de sua orientação para iniciativas destinadas à longevidade no longo prazo em troca de uma visão eminentemente tática, voltada para a sobrevivência no curto e no curtíssimo prazo.

A pressão exercida pelo mercado financeiro e por acionistas ávidos pelo lucro rápido em nada contribui para o equilíbrio dessas duas forças, na medida em que, em regra, concentram sua atenção na obtenção de resultados e retorno sobre os investimentos em ciclos cada vez mais estreitos de tempo.

Ora, eis o coração de nosso paradoxo. Para construir um relacionamento legítimo, genuíno, com os clientes é necessário, antes e acima de tudo, tempo.

Você já sabe disso instintivamente, tenho certeza: todo relacionamento, seja pessoal, seja corporativo, só cresce e se fortalece com o passar do tempo, visto que todo relacionamento é um processo de aprendizado de um sobre o outro (e se baseia muito em detalhes — a gestão dos detalhes, aspecto fundamental de um negócio).

Quando o foco se concentra, quase exclusivamente, no curto prazo, inicia-se um processo em que as principais atividades relacionadas ao incremento da fidelização dos clientes são rifadas em detrimento de outras que trarão mais resultados práticos no ano. Ou no mês. Ou na semana.

FAÇA UMA AUTOAVALIAÇÃO

A professora Carmem Migueles é uma das principais referências em gestão e liderança no Brasil. Um de seus temas prediletos são as relações existentes dentro das organizações e a construção de confiança nesse contexto, foco do livro *Liderança Baseada em Valores*, que organizou em parceria com o professor Marco Túlio Zanini.

Há algum tempo, a professora apresentou uma ideia muito interessante nesse contexto, que adaptamos para uma reflexão acerca dessa tendência de as empresas colocarem seu foco no curto prazo e a utilizaremos para que o leitor possa fazer uma avaliação de si e de seu negócio.

Acompanhe a tabela da Figura 9.1. No eixo horizontal, você tem o foco das atividades exercidas na sua companhia. Ali se posicionam as atividades de acordo com seu foco no curto ou no longo prazo. No eixo vertical aparece a afinidade dessas atividades com relação à estratégia da companhia. É nele que se sabe se as atividades são mais estratégicas ou mais táticas (leia-se "de perfil mais orientado à execução").

Figura 9.1

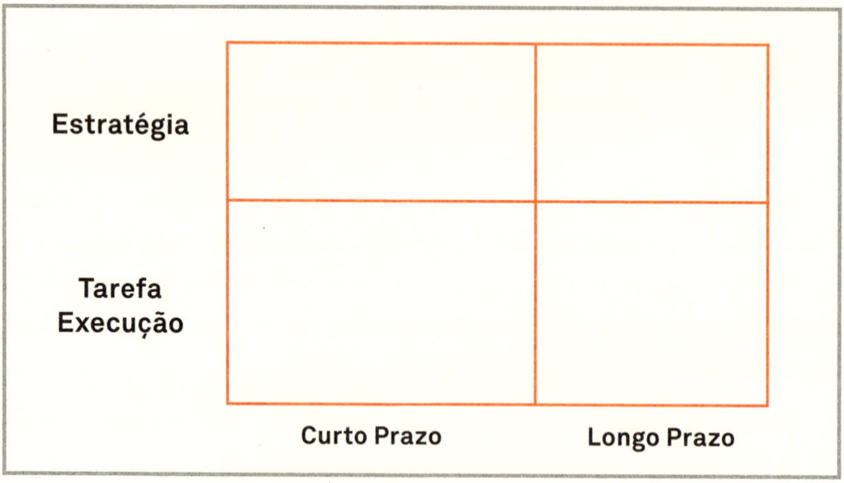

	Curto Prazo	Longo Prazo
Estratégia		
Tarefa Execução		

Em regra, se a organização tem uma predominância de ações de natureza mais tática, essas iniciativas têm como foco o curto prazo. Isso caracteriza, então, uma organização que tem como principal orientação mercadológica a operação do seu negócio, ou seja, uma empresa muito autocentrada para seu próprio universo, que não valoriza ou se envolve em iniciativas estratégicas de longo prazo como, por exemplo, inovação.

Por outro lado, as organizações que adotam um perfil mais orientado a ações estratégicas têm um maior foco em iniciativas de longo prazo e caracterizam-se como organizações que privilegiam o planejamento, visando uma inserção estratégica em seu setor de atuação (veja Figura 9.2).

Figura 9.2

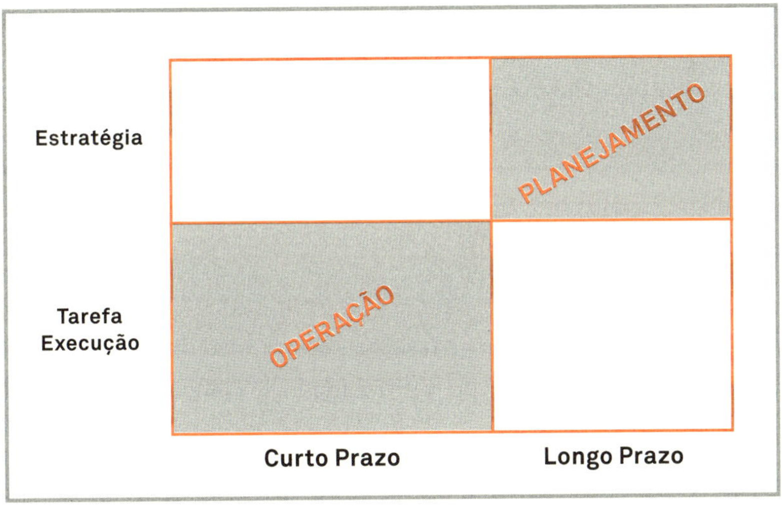

	Curto Prazo	Longo Prazo
Estratégia		PLANEJAMENTO
Tarefa Execução	OPERAÇÃO	

Agora pedimos ao leitor que reflita sobre seu perfil de atuação. Em termos percentuais, em qual dos quadrantes você encaixaria a predominância de suas atividades atualmente?

Não se assuste se chegar à conclusão de que a esmagadora maioria de seu tempo hábil está concentrado em atividades de natureza tática em detrimento das estratégicas.

Ao que tudo indica, essa é uma das características das organizações atualmente.

No entanto, o perigo de um perfil de atuação com essas características está explicitado no próprio gráfico. A companhia corre o risco de ter um perfil eminentemente "fazedor", "tarefeiro" em substituição a uma ação mais estratégica. Assim, seu foco na gestão do dia a dia prejudica, como contrapartida, a visão centrada na longevidade da companhia e seu crescimento com sustentabilidade no futuro.

Vale frisar, no entanto, que a concentração excessiva em atividades de longo prazo com perfil estratégico também se configura um risco, já que a execução das atividades do dia a dia é fundamental para o êxito de qualquer operação — ainda que umas sejam mais fundamentais do que outras, sempre de acordo com a natureza do negócio.

Como sempre, a mensagem é que o sucesso está no equilíbrio.

UM NOVO MODELO DE GESTÃO PARA RESOLVER O PARADOXO

Não almejamos, com o argumento anterior, levar o leitor ao desânimo ou desespero. Embora alguns paradoxos sejam insolúveis, muitos não o são, e acreditamos piamente que a dificuldade de atender bem aos clientes na prática não o seja.

É necessário adotarmos uma postura na qual mudamos a orientação exclusiva para resultados do próximo *quarter* (trimestre, em inglês) para uma orientação voltada aos resultados do próximo *quarter* de século (se é que esse termo existe).

É evidente que essa visão considera um equilíbrio desses dois focos (o de curta e longa duração), afinal a organização necessita de combustível para sobreviver e gerar resultado a todos os agentes envolvidos.

Porém, para que possamos construir laços sólidos no relacionamento com nossos clientes, faz-se necessário encarar esse desafio como um dos norteadores estratégicos da companhia e fazer o esforço necessário para entregar essa visão.

O primeiro passo para isso é entender a seguinte máxima:

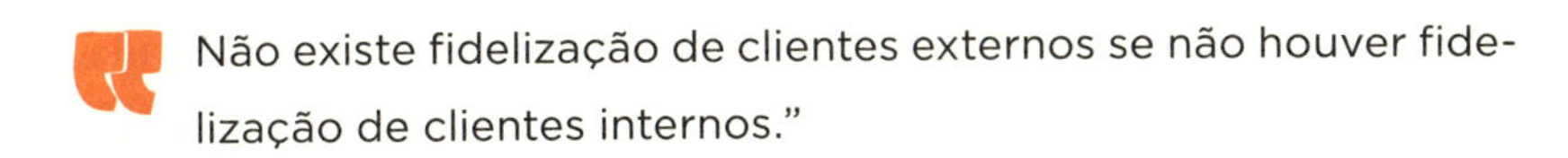

> Não existe fidelização de clientes externos se não houver fidelização de clientes internos."

Seu autor é Frederick Reichheld, indiscutivelmente a maior autoridade do mundo em fidelização, autor de diversas pesquisas e estudos. Em sua obra mais original, *Os Princípios da Lealdade*, Reichheld garantiu que é impossível falarmos com legitimidade sobre o ato de servir se não tivermos clara essa visão.

Em muitas das nossas andanças profissionais, somos questionados por líderes sobre como é possível montar uma equipe que atenda adequadamente a seus clientes. A resposta de imediato — sempre igual: "Contrate pessoas que gostem de se relacionar com pessoas."

É incrível, mas não são raras as ocasiões que deparamos com profissionais de linha de frente que não fazem questão alguma de ocultar seu desdém por tratar com outras pessoas.

Todo o processo inicia-se na seleção e contratação das pessoas que serão responsáveis por um dos principais ativos da organização: o relacionamento com seus clientes.

Esse é só o primeiro passo. O ato de servir com qualidade está diretamente relacionado ao nível de engajamento de nossos colaboradores com nosso negócio. Entramos em um terreno tão arenoso quanto o do início deste texto. Tal qual a questão do relacionamento com os clientes, o relacionamento com os funcionários requer uma reflexão sóbria, madura e crítica.

O discurso corrente, politicamente correto, diz que as pessoas são o principal ativo das organizações, assim como diz que os clientes são sua prioridade. A realidade nua e crua, porém, mostra que a prática não encontra consonância com essa mensagem. Basta constatarmos o que ocorreu com a maioria das organizações na mais recente crise macroeconômica no país. Assim que as nuvens negras surgiram no céu, aconteceram demissões e mais demissões. Se as pessoas realmente fossem o ativo mais importante dessas companhias elas não seriam descartadas tão subitamente, como primeiro recurso da gestão.

Colocar as pessoas em primeiro lugar não é apenas não as demitir — isso seria um raciocínio simplório. É lhes permitir voos mais longos. Um pensamento brilhante (entre tantos outros) de Aristóteles diz o seguinte: "Onde seus talentos e as necessidades do mundo se cruzam reside sua vocação." Mesmo sem poder ter qualquer pista sobre a natureza de nosso atual ambiente corporativo, o filósofo grego trouxe à tona um conceito absolutamente relevante quando nos referimos à alta performance nas empresas: vocação.

É incrível como o desempenho das pessoas muda quando encontram sua real vocação. Todos temos exemplos de casos de pessoas que conhecemos que eram medianas em seus postos, mas que, quando encontraram seu caminho, transformaram-se em profissionais de alta performance e em referências em suas áreas de atuação.

Tomando a liberdade, sem nenhuma pretensão, de fazer uma adaptação do pensamento de Aristóteles considerando o mundo corporativo atual, chegamos ao seguinte pensamento:

Onde seus talentos e as necessidades da empresa se cruzam reside a alta performance."

Quando a vocação do profissional está alinhada ao que a organização necessita é que temos um contexto de alto desempenho com benefícios para todos os envolvidos: empresa e funcionário.

É baseado nessa premissa que afirmamos que um dos principais desafios para as organizações e seus líderes em nosso tempo é a conciliação entre os propósitos de seus colaboradores com o foco do negócio.

Esse alinhamento gera organizações de alta performance que, por seu turno, produzem resultados extraordinários. O modelo de gestão deve visar esse alinhamento entre a empresa e os funcionários. Foi o que nominamos, no título deste texto, como a Gestão Orientada para Servir (GOS).

Utopia?

Nem tanto. Felizmente já existem organizações que adotam essa visão como elemento norteador de sua atuação. E elas têm produzido resultados fantásticos aliando suas demandas de curto prazo, representadas pelo resultado financeiro gerado pela operação, com as de longo, representadas pela consolidação de seus negócios e liderança em seus setores de atuação.

ESTUDO DE CASO DO MODELO GOS

O Laboratório Sabin, de Brasília, pode não conhecer nossa sigla, GOS, mas sem dúvida já pratica esse modelo de gestão. Foi de propósito que escolhemos uma empresa 100% nacional como referência — para ninguém poder usar a velha desculpa de que um perfil avançado assim só é possível em empresas multinacionais que possuem muitos recursos disponíveis.

Fundado em 1984 pelas bioquímicas Janete Vaz e Sandra Costa, o Laboratório Sabin centrou suas atividades, inicialmente, em Brasília, expandindo-se, posteriormente, pela região Centro-Oeste do Brasil. O modelo de gestão peculiar conduzido por suas fundadoras dá mostras inequívocas ao analisarmos os principais indicadores do negócio. Atualmente, o Sabin tem faturamento de cerca de R$1 bilhão e conta com mais de 4,4 mil colaboradores que atuam em quase 250 unidades espalhados por 11 estados em 5 regiões do país. Só para o leitor ter uma ideia do crescimento acelerado do grupo: aproximadamente 10 anos atrás, a empresa faturava cerca de R$90 milhões e tinha um quadro de cerca de 650 funcionários. Já era uma organização que chamava atenção, porém sua evolução tem sido uma das mais expressivas no setor de saúde do país.

Desde 2005 a empresa é contemplada, sistematicamente, pelas principais pesquisas de reconhecimento de gestão de pessoas do Brasil e da América Latina. Em 2017, ganhou o prêmio máximo das "Melhores Empresas para Trabalhar no Brasil", da revista *Você S.A.*, e em 2018, pela segunda vez consecutiva, foi premiada como a "Melhor Empresa de Grande Porte para Mulheres Trabalharem", em estudo conduzido pela consultoria Great Place to Work, além de ser uma das empresas líderes de seu ranking geral, tanto no levantamento brasileiro publicado pela *Época Negócios*, como no latino-americano, publicado pela *HSM Management*.

Como explicar o sucesso dessa empresa, que superou organizações poderosíssimas do Brasil tendo uma atuação regional e abocanhando algumas das premiações mais relevantes do mercado?

Ao tentarmos encontrar as pistas para responder a essa indagação nos damos conta de que a empresa realmente se dedica a oferecer uma série de benefícios aos seus colaboradores, que podemos dividir em dois grupos:

→ Muito originais são os benefícios que respeitam o fato de que mais de 75% de seus colaboradores são do sexo feminino como bolsa-enxoval para quem casa, auxílio-babá para quem tem filhos e até um dia da noiva especial em um spa.

→ O outro grupo de benefícios inclui plano de carreira, programa de desenvolvimento que contempla uma universidade corporativa (a Unisabin) e celebração dos momentos de conquistas importantes com o time todo, entre outras iniciativas.

É possível observar claramente uma estratégia corporativa orientada a todos os colaboradores.

Mas o leitor vai se perguntar: o que realmente faz a diferença? Qual desses elementos é o mais importante?

O fato é que não existe um elemento que isoladamente gere o engajamento dos colaboradores do Sabin com o negócio. É da união de todos esses fatores que emerge uma cultura organizacional, liderada por suas fundadoras, orientada a criar um ambiente onde as pessoas se sintam realmente motivadas e felizes.

Abordamos esse tema com Sandra Costa e sua resposta nos oferece uma pista do que é essa cultura: "Fazemos questão de proporcionar um ambiente saudável que permita vínculos de solidez profissional e pessoal. Sempre quisemos formar uma verdadeira família para que eles se sentissem em casa e trabalhassem da melhor forma possível."

As líderes do Laboratório Sabin falam que seu modelo de gestão é baseado no amor. Se um leitor mais desavisado passar os olhos por essas palavras, talvez imagine que se trata de uma visão romântica — distante do agressivo mundo corporativo, recheado de tubarões insaciáveis. Isso não é verdade.

Estamos colocando em foco uma organização absolutamente competitiva. Referência em seu setor de atuação, o Laboratório Sabin tem sido reconhecido por institutos e pesquisas independentes, além de ostentar níveis de satisfação altíssimos de seus clientes.

Informações extraoficiais — já que a empresa não é uma organização aberta e listada na bolsa de valores — dão conta que os índices de lucratividade do Sabin são os maiores do setor. Não à toa, frequentemente surgem fundos de investimento e outras organizações ansiosas por investir na organização.

As fundadoras tomaram a corajosa decisão de manter o controle do negócio, mas, seguramente, não haveria nenhum tipo de dificuldade em qualquer movimento que envolva a captação de outros investidores para o negócio. Essa é a maior evidência de que não se trata de um modelo utópico, circunscrito ao desejo de duas empreendedoras idealistas. Capital financeiro não aceita desaforos.

A satisfação e fidelização dos clientes externos é mera consequência da satisfação e fidelização do cliente interno. Tendo colaboradores engajados legitimamente com o negócio, fica fácil tratar seus clientes da mesma forma como são tratados pela empresa que representam.

Inegável que trata-se de uma iniciativa bastante complexa essa do Laboratório Sabin, já que cada indivíduo tem uma visão de mundo pessoal e exclusiva. No entanto, não devemos nos iludir: se realmente desejamos ser uma referência no ato de servir nossos clientes, temos de caminhar nessa direção.

"I HAVE A DREAM"

O que acabamos de descrever é um modelo de gestão baseado em valores fortes e orientado, sobretudo, para as pessoas.

Que o leitor não se engane mais: pessoas necessitam de propósitos mais do que necessitam de remuneração em seus empregos (não que o dinheiro não seja importante, porém é secundário quando existe alinhamento de valores).

Os benefícios da construção de uma cultura com esse perfil extrapolam a questão do relacionamento com o cliente. Seguramente, resultados consistentes e longevos — sim, o foco no longo prazo é o efeito colateral — são alcançados pela organização que consegue compatibilizar seus interesses e visão de futuro com os de seus colaboradores.

Há cerca de 20 anos, uma pensadora acabou assumindo deliberadamente um papel marginal ao defender algumas posições que iam na contramão do *status quo* do mundo do management. Trata-se de Shoshana Zuboff, professora da consagrada Harvard Business School, estudiosa das relações no trabalho e suas consequências para a sociedade.

Zuboff tem uma frase que ilustra muito bem a crença a respeito do potencial de resultados que uma orientação como essa traz à organização:

> É no abismo que agora separa os indivíduos e as organizações que estão os segredos para uma nova ordem econômica com vasto potencial para criação de riqueza e realização individual."

A ascensão das startups e o seu poder de atrair os jovens, que têm aberto mão de ingressar nas grandes multinacionais para viver situações imprevisíveis e voláteis nessas companhias novatas, são uma das evidências mais claras da relevância dessa visão e de seus resultados práticos.

Em busca de um significado mais abrangente para suas vidas, os indivíduos mais talentosos buscam espaços que os realizem e, como contrapartida, dedicam-se de corpo e alma a seu êxito. Não nos surpreendemos com o fato de que as organizações líderes da nova sociedade tenham sido empresas de garagem 20 anos atrás; algumas sequer existiam. Foi essa turma que liderou a revolução das companhias e dos comportamentos. É essa turma que continua a liderar a revolução atual.

Seguramente, temos na mesa um tema de absoluta relevância que deve ser tratado de frente pelos atuais líderes corporativos. A natureza da relação das companhias com seus colaboradores deve ser analisada em profundidade sem o famigerado lugar-comum que eclipsa e confunde avaliações complexas e tende à superficialidade.

Ao serem impulsionadas, por fatores externos, a uma orientação voltada ao curto prazo, as organizações correm sérios riscos de não enxergar esse quadro de forma profunda e, no afã de gerar resultados rápidos, comprometer o futuro de seu negócio.

Não existem atalhos para o alto desempenho. A construção de um relacionamento sólido com seus clientes configura-se em um dos principais ativos para a organização, porém esse status só será conferido a quem, de fato, tiver colaboradores engajados e alinhados legitimamente com a visão da corporação.

Como já dizia Martin Luther King, em seu célebre discurso para 250 mil pessoas em Washington D.C., a capital dos Estados Unidos: *"I have a dream."*

Talvez nem todas as visões corporativas tenham a nobreza e grandeza da visão que o líder negro trouxe ao mundo, porém os propósitos de uma organização vão muito além de seus interesses financeiros.

Lembre-se: pessoas são movidas por propósitos.

Qual propósito sua organização está oferecendo aos seus colaboradores — que faça sentido para eles também?

We have a dream too. And you?

“

Em busca de um significado mais abrangente para suas vidas, os indivíduos mais talentosos buscam espaços que os realizem e, como contrapartida, dedicam-se de corpo e alma a seu êxito. Não nos surpreendemos com o fato de que as organizações líderes da nova sociedade tenham sido empresas de garagem 20 anos atrás; algumas sequer existiam. Foi essa turma que liderou a revolução das companhias e dos comportamentos. É essa turma que continua a liderar a revolução atual.

”

EXPERIÊNCIA EXPANDIDA

Os dois autores propõem a Gestão Orientada para Servir (GOS), a resposta deles à "customer centricity"

A construção de um relacionamento sólido com seus clientes configura-se como um dos principais ativos para a organização.

POR QUE É TÃO DIFÍCIL TER UMA ORGANIZAÇÃO ORIENTADA A SEUS CLIENTES?

1. A valorização do atendimento ao cliente com excelência é muito nova no ambiente empresarial.
2. A velocidade dos acontecimentos induz o foco das empresas no curto prazo, o que as faz priorizar táticas em detrimento de estratégias de orientação aos clientes.

É necessário um **NOVO MODELO** de gestão para resolver esse paradoxo:

"GESTÃO ORIENTADA PARA SERVIR - GOS"

PRINCÍPIOS DO MODELO:

- Modelo de gestão baseado em fortes valores e orientado para as pessoas.
- Não existe fidelização de clientes externos se não houver fidelização de clientes internos.
- Conciliação entre os propósitos de seus colaboradores com o foco do negócio.

A VISÃO DE SHOSHANA ZUBOFF MOSTRA O POTENCIAL DESSA ESTRATÉGIA:

"É no abismo que agora separa os indivíduos e as organizações que estão os segredos para uma nova ordem econômica com vasto potencial para criação de riqueza e realização individual."

Insight
#10

“O QUE NÃO MUDA *quando* **tudo** muda”

O mantra da contemporaneidade dos negócios é a mudança. Não existem questionamentos nem dúvidas a respeito da eminente e mandatória demanda por transformações nos pilares essenciais das organizações.

Atordoados por uma realidade em mutação, os líderes empresariais buscam freneticamente alternativas de acompanhar a velocidade das mudanças. O resultado dessa dinâmica é uma hipervalorização de novas possibilidades de negócios e, mais relevante do que isso, de novas maneiras de fazer negócios.

Nesse cenário, será que ainda podemos encontrar respostas para nossos dilemas de hoje também em obras escritas nos anos 1950 e 1960?

Não seria razoável dizer que sim, sabemos. Mas a "verdade verdadeira" é que soluções de meio século atrás podem, sim, nos ajudar. Estão à nossa espera, inclusive. A despeito do aparente paradoxo, a mais pura realidade é que o essencial, nos negócios, é imutável.

A essência empresarial remete à própria essência da vida, cuja busca está na origem do pensamento filosófico. E nessa jornada, pela qual todos passamos, aprendemos: o que muda é a conjuntura; a essência permanece igual.

Basta ter o cuidado de separá-la de seu contexto na hora de aplicar um conhecimento formulado há mais de 60 anos. Os conceitos clássicos de gestão devem ser adaptados para os dias atuais, levando em conta as nuances e especificidades adequadas, mas eles têm de continuar os mesmos.

Resolvemos encerrar este livro prestando um tributo à essência da gestão, que nos tem garantido tantos insights na prática das organizações. Parte disso, ao contrário dos outros nove capítulos anteriores, é bem ensinado nas escolas de negócios. O que talvez falte ao mundo acadêmico é atribuir a cada conhecimento seu peso real na gestão prática do dia a dia — o que tentamos fazer neste livro.

Esse *grand finale* foi uma decisão proposital: queremos que o leitor compreenda a importância de estruturar seu pensamento com fundamentos claros e profundos a respeito do universo de negócios — e não em detrimento de tais fundamentos.

O presente nível de complexidade que impera no ambiente empresarial parece tornar todo conhecimento volátil, mas não é assim que funciona no mundo real: é nas profundezas que está o conhecimento mais útil. Não existem respostas fáceis, nem tampouco receitas de bolo para a resolução dos desafios diários.

Agora, para parafrasear o nome de um clássico filme brasileiro, não professamos nem Deus nem o diabo na terra do Sol. O que seria Deus nesse caso? Colocar tais fundamentos em um altar e adorá-los como a uma divindade. Não recomendamos isso. A consistência gerencial requer questionamento incessante de tudo que envolva o negócio — fundamentos incluídos —, uma reflexão que gera insumos para a elaboração e implementação de planos de ações adequados a cada desafio.

E o que seria o diabo? O fato de que a reflexão recém-proposta é particularmente difícil de fazer quando todo mundo aconselha a mudar tudo — sugestão que tem ainda mais força em um país jovem e improvisador como o ensolarado Brasil, a "terra do Sol" nas palavras do genial cineasta baiano Glauber Rocha. (Mas sejamos justos: o planeta inteiro está mandando buscar o novo neste momento, não só o Brasil.)

Só que "o novo pelo novo" simplesmente não faz sentido; ele pode ser apenas um modismo ou penduricalho gerencial e, assim, ter uma função mais cosmética do que prática.

Vale lembrar, enfim, que boa parte das referências no campo das práticas bem-sucedidas de gestão elencadas nesta obra têm raízes fincadas no pensamento essencial, da origem da Hewlett-Packard à Toyota, passando por Edward W. Demming e pelo Novo Testamento. Não deve ser mera coincidência.

Esse tributo ao pensamento essencial também tem um simbolismo importante para nós. Ao longo dos últimos anos, temos nos dedicado a estudar, em profundidade, os impactos que a transformação da sociedade tem sobre os negócios. Elaboramos teses e novos conceitos que confrontam o *status quo* consolidado em décadas da ideologia sobre gestão. A partir desse mergulho, emergiram obras como o best-seller *Gestão do Amanhã*, de nossa autoria.

No entanto, o fato de questionarmos o *status quo* não significa que preconizemos o desprezo total pelas teses construídas ao longo desse tempo — teses essas que tanto beneficiaram o ambiente empresarial.

Nossa tese é que o virtuosismo desta nova era está no que chamamos de "encontro de gerações". Trata-se de uma perspectiva que aproveita o melhor dos dois mundos, o novo e o tradicional, e constrói uma terceira via baseada na elaboração de uma visão original que absorva elementos e traços de cada geração.

Por mais paradoxal que isso possa parecer, enxergar o futuro requer olhar para o passado também, para a essência do pensamento sobre gestão que identificamos neste último insight.

PENSADORES SEMINAIS, SERES ILUMINADOS

Para explorar — e, mais do que isso, sintetizar — a essência da gestão, selecionamos dois pensadores seminais do mundo corporativo.

Nosso argumento é que foram eles que estruturaram — cada um a seu modo — as bases do pensamento gerencial mundial, e com a ajuda deles consegue-se atingir mais facilmente a profundidade requerida nos dias de hoje.

Um já foi explorado nestas páginas mais de uma vez, e não poderia ser diferente. Trata-se de um dos "sonhadores com um parafuso a mais", no nosso capítulo anterior, o "guru dos gurus" ou o "pai da administração moderna": Peter Drucker.

Ele se mostra tão influente que é quase impossível encontrar um pensamento ou modelo gerencial sem resquícios de sua obra.

O outro tem seu pensamento mais orientado ao marketing, mas em uma abordagem ampla de estratégia de negócios e não na visão estreita de comunicação que impera ainda hoje: Theodore Levitt.

Ambos eram seres iluminados que enxergavam muito além de seu tempo. Não temos dúvidas.

Analisamos algumas das principais contribuições de Drucker e Levitt a seguir, sem a pretensão de esgotar o pensamento dos dois (acreditamos que suas ideias ainda serão inesgotáveis por muitas gerações) ou de realizar uma revisão histórica de suas obras.

Queremos apenas sinalizar o caminho das pedras para a essência da gestão, de modo direto e objetivo, e mostrar como, na prática, o essencial é contemporâneo e deve ser alvo de investigação e consulta constante para todo gestor comprometido em fazer a diferença.

THEODORE LEVITT E O MARKETING NO CENTRO DA ORGANIZAÇÃO

Ele não teve formação de marketing; concluiu seu doutorado em economia pela Universidade de Ohio. Também nunca se caracterizou como um pesquisador acadêmico típico; reza a lenda que nunca havia lido um único livro de marketing antes de começar a lecionar a disciplina na Escola de Administração de Empresas da Universidade Harvard. Não foi um autor profícuo tampouco. Sua obra é relativamente pequena quando comparada à dos principais autores de gestão — publicou não mais do que dez livros.

Em que pese o histórico "negativo", Levitt foi o primeiro pensador a entender a relevância do marketing em toda a história. Foi por meio de sua obra que a disciplina foi reenquadrada no contexto corporativo e "promovida" ao lugar central do pensamento gerencial — no mundo inteiro.

Entre 1985 e 1989, Levitt dirigiu a revista *Harvard Business Review*, a mais renomada entre as publicações acadêmicas da área, na qual suas instigantes provocações e experimentos ganharam mais impacto.

Levitt ficou conhecido mundialmente em 1960, quando a *Harvard Business Review* fez circular seu clássico artigo "Miopia em Marketing", que causou grande furor nos ambientes acadêmico e empresarial.

Sem deixar pedra sobre pedra, Levitt não poupou as organizações voltadas para produto, como quase todas naquela época, alertando para o risco em orientar uma operação para um produto e "empurrá-lo" para os clientes.

É injustiça, no entanto, rotular o autor exclusivamente por essa contundente obra-prima.

Levitt foi um dos responsáveis pela popularização do termo "globalização" nos negócios. Apesar de sua origem remeter à década de 1940 e de seu uso já ser disseminado no início dos anos 1980 pelos economistas, foi Levitt o primeiro a se deter sobre as influências do movimento no mundo da administração e oferecer uma visão a respeito — ele fez isso em 1983 com o artigo "Globalization of Markets", também publicado na *Harvard Business Review*, e, até hoje, muitos estudiosos o consideram o "pai" desse conceito.

O homem era figura controversa e radical. Seu extremismo quanto à necessidade de pensamento profundo sobre o mundo corporativo transparecia quando fazia críticas como esta:

"Apanhar fórmulas fáceis ou modelos exóticos de livros didáticos ou das cabeças de outras pessoas pode ser conveniente e ocasionalmente até útil, porém isso nada contribui para a sua mente ou para sua capacidade de lidar efetivamente com novas realidades que estão emergindo constantemente."

Atual, não?

Detalhe importante: isso foi escrito há bem mais que três décadas, em 1983.

O propósito da empresa e o lucro como meio

Outra visão de Levitt particularmente alinhada com a atualidade diz respeito ao propósito de uma empresa.

De forma curta e grossa, o autor afirmava que o propósito de uma empresa é criar e manter clientes. Ponto.

Ele insistia em que a organização inteira deve convergir para cumpri-lo:

- → A direção deve esclarecer seus objetivos, estratégias e planos para que isso aconteça comunicando-se adequadamente com todos os colaboradores.
- → Deve haver um sistema apropriado de remuneração, auditoria e controle para certificar-se de que a intenção seja colocada em prática adequadamente.
- → Se quiser criar e manter clientes, a empresa precisa entregar bens e ofertas que as pessoas desejem e valorizem a um preço e com condições atrativas em relação às opções concorrentes. (Para isso, enfatizava Levitt, é necessário orientar-se a uma porção de clientes grande o bastante, em uma escala que justifique todo o esforço.)
- → A empresa deve gerar receitas de vendas que excedam seus custos, em quantidade suficiente e com bastante regularidade, a fim de atrair e manter investidores.

Com quatro tópicos sintéticos, Levitt nos apresenta a uma infinidade de atividades e ações estratégicas que, se executadas, levam o marketing a outro patamar na empresa.

Sua visão engloba alinhamento dos sistemas de remuneração, endomarketing, precificação, planejamento estratégico, segmentação, análise de concorrência, geração de valor para os acionistas e por aí afora.

Para Levitt, o lucro é consequência de um sistema que tem como propósito original atrair e manter clientes. E todo o restante é consequência disso.

Em não raras ocasiões deparamos com companhias que tentam subverter a lógica considerando lucro um fim em si mesmo. Ao agirem dessa forma, põem a relação com o cliente em segundo plano e tendem a se concentrar em atividades que destroem valor nessa relação.

Basta lembrar as inúmeras companhias que economizam os recursos de pequenas atividades de relacionamento com o cliente — nos tais "cortes de custos burros" — e acabam gerando uma percepção altamente desfavorável de si junto a esse público.

Resultado: um dia isso se materializará na mudança de fornecedor. Resultado? A diminuição gradativa da lucratividade do negócio, justamente a lucratividade tão desejada.

Em um primeiro momento, a decisão gera os resultados almejados e se justifica. No médio prazo, no entanto... costuma ser um tiro no próprio pé.

Essa visão está muito clara no brilhante pensamento do autor, como no trecho transcrito aqui na íntegra:

"Não faz muito tempo numerosas companhias supuseram algo bem diferente quanto ao propósito de uma empresa. Disseram que o propósito é ganhar dinheiro. Mas isso provou ser tão vazio quanto dizer que o propósito da vida é comer. Sem comer, a vida cessa. Sem lucros, o negócio para.

Assim como o alimento para o corpo, o lucro para a empresa precisa ser definido como o excesso do que entra sobre o que sai. Na empresa isso é chamado de fluxo de caixa positivo. Este tem de ser positivo, porque o processo de sustentar a vida é também um processo de destruí-la... Esse é o motivo pelo qual o lucro é um requisito, não um propósito da empresa."

De acordo com Levitt, além de inadequada mercadologicamente, a busca de lucro como o principal propósito da empresa é simplesmente imoral.

Em outras palavras, a existência de uma empresa não pode ser justificada à sociedade exclusivamente pela geração de lucro. Já em 1983, Levitt afirmava: "Essa é uma ideia repugnante, superada, cujo tempo já passou."

Extraordinário que esse pensamento tenha sido estruturado quando ainda não existia o nível de consciência atual sobre a sustentabilidade de uma organização e seus impactos na sociedade.

Estamos diante, sem dúvida, de uma ideia ultramoderna sobre o papel social da empresa (e veremos a seguir sua total afinidade com o pensamento de Drucker a esse respeito).

O marketing no lugar que lhe pertence

Filosoficamente, Levitt se apropriou da essência das coisas para seu raciocínio, e também o fez para fundamentar sua visão sobre o marketing. O autor afirmava, categoricamente, que não pode haver estratégia empresarial que não seja fundamentalmente uma estratégia de marketing, já que o objetivo principal de uma organização é criar e manter clientes.

Essa visão sintetiza o que há de mais contemporâneo na disciplina e que, contudo, ainda é incompreendido por muitas companhias e gestores. Não estamos falando do conjunto de atividades de responsabilidade do departamento de marketing corporativo, mas de uma disciplina transversal que deve permear toda a organização visando um único objetivo — criar e manter clientes.

Do umbigo ao cliente

Segundo Levitt, para cumprir seu propósito de forma sustentável, as organizações necessitam adotar uma filosofia orientada ao universo do cliente. Essa é a principal contribuição do já mencionado clássico texto do autor, "Miopia em Marketing", publicado em 1960. Os gestores devem mudar o conceito do que é a função principal de uma companhia — fazendo com que sua orientação migre do produto para o universo do cliente.

Além de representar uma quebra de paradigma absoluta em relação à visão estabelecida e por si só já merecer um olhar diferenciado (nem temos parâmetros para imaginar como um pensamento desses foi construído em uma sociedade ainda dirigida pelo mecanicismo da Primeira Revolução Industrial), o artigo traz uma visão que até hoje se estabelece como um dos principais desafios de todas as corporações do Brasil e do mundo: orientar seus esforços para o cliente em detrimento de seu olhar para o próprio umbigo.

A atualidade de Levitt é espantosa.

Uma das razões da repercussão desse material foi que ele fez as empresas questionarem em que negócio realmente estão. Levitt explorou ali o clássico exemplo da decadência do setor de ferrovias nos Estados Unidos — e no planeta como um todo. Com uma visão míope a respeito do posicionamento de seu negócio, os líderes do setor não conseguiram enxergar as mudanças pelas quais passavam seus consumidores e simplesmente ignoraram a chegada avassaladora da indústria automobilística.

Em um de seus comentários marcantes, Levitt ensinou que a indústria de ferrovias ruiu não porque surgiu a indústria automobilística, mas porque as empresas estabelecidas, cegas pelo sucesso, não entenderam que não estavam no negócio de ferrovias, e sim no negócio de transportes. Se adotassem outra postura em sintonia com o comportamento, as aspirações e as necessidades dos consumidores da época, os gestores poderiam ter desenvolvido soluções adequadas a esse cliente em vez de se concentrar em melhorar os produtos existentes.

Partindo desse insight marcante, Levitt cunha aquela que talvez seja a pergunta mais relevante do ambiente empresarial de todos os tempos, como já citamos no Capítulo 2: Em que negócio você está? (*What business are you in?*, no original em inglês.)

Por trás de um enunciado simples há uma questão de uma profundidade ímpar, uma vez que muitos executivos ainda têm dificuldade de entender a essência do negócio que lideram. O significado é: mais que especialistas em sua própria oferta, as companhias devem dominar o mundo dos clientes que atendem.

É dessa realidade que emerge o valor essencial que cria a sociedade. A atualidade mostra a relevância dessa visão em exemplos marcantes.

Em nossa obra *Gestão do Amanhã* mostramos a contemporaneidade do tema quando exploramos uma das modelagens estratégicas corporativas mais impactante da atualidade: a empresa baseada em plataforma.

Já dissemos isso e relembramos: em 2018, das cinco maiores empresas em valor de mercado do mundo (Apple, Amazon, Google, Microsoft e Facebook), quatro adotam esse modelo como o coração de suas estratégias. A única empresa que não é 100% uma plataforma, a Microsoft, tem migrado boa parte de seu negócio nessa orientação e já adquiriu algumas organizações, como LinkedIn, que nasceram e cresceram com essa estrutura.

A essência da estratégia da empresa baseada em plataforma é a profunda reflexão sobre qual o negócio em que essas organizações atuam.

Se Jeff Bezos, fundador e líder da Amazon, entendesse que estava no negócio de vender livros, não teríamos testemunhado o surgimento e a pujança da maior empresa do varejo mundial. A "loja de tudo", como ficou conhecida a organização, é o título de um dos livros mais populares de sua história.

Se Steve Jobs, fundador da Apple, tivesse a visão de que estava no negócio de telefonia quando lançou o iPhone, sua organização não se transformaria na maior plataforma de negócios da história da humanidade, aproximando desenvolvedores de aplicativos e consumidores por meio da Apple Store, que já movimentou mais de US$100 bilhões desde seu surgimento.

A essência da resposta a célebre questão "Em que negócio você está?" surge de uma profunda orientação ao cliente.

Em uma de suas célebres frases de efeito, Levitt mencionava que "como nos sentimos a respeito de um automóvel é mais importante do que a sensação que ele nos provoca".

As pessoas compram expectativas e não produtos ou serviços — e é nessa esfera que a organização deve se concentrar para atingir seu propósito principal.

Aliado a essa filosofia aparece o conceito de destruição criativa — ou destruição criadora, como alguns preferem traduzi-lo em português — que Levitt toma emprestado do economista austríaco Joseph Schumpeter para aplicar à estratégia empresarial.

A opção pela melhoria incremental dos líderes da indústria ferroviária levou suas companhias a aperfeiçoarem ao máximo seus produtos existentes, porém não conduziu essas corporações ao patamar seguinte — foram os líderes da indústria automobilística que geraram uma ruptura no mercado por meio da inovação "automóvel".

Esse conceito é mais contemporâneo do que nunca em um ambiente como o atual, no qual o termo "disrupção", traduzido ao pé da letra para o português, tornou-se uma vedete no contexto empresarial — é unânime a convicção de que vivemos em um mundo de disrupções.

As organizações e seus líderes buscam se preparar para ter a coragem e a audácia de tornar seu próprio negócio obsoleto antes que alguém de fora o faça — como aconteceu nos setores de turismo, transporte, mídia, varejo e outros tantos. Em muitos casos, as startups é que estão entendendo em maior profundidade as demandas dos consumidores da atualidade e, por tabela, "em que negócio elas estão".

Obviamente, esse movimento de destruição criativa só é possível em uma empresa que tenha profunda afinidade com o mundo do cliente.

A roupa nova da organização

O cliente em seu coração e o marketing permeando-a por inteiro fazem com que a organização se modifique totalmente, defende Levitt.

Com palavras nossas, é como se todos os departamentos da empresa vestissem um novo guarda-roupa e se transformassem em "codepartamentos" de marketing.

A filosofia do marketing é mais relevante que a divisão da atividade em clusters. Os silos devem ser destruídos visando a construção de uma visão única de negócio.

Um exemplo particularmente interessante do especialista é a função do departamento comercial nesse novo contexto.

Levitt considera que a qualidade do relacionamento com os clientes passa a ser o fator crítico do sucesso por excelência na geração de receita e lucratividade da companhia — e atribui ao vendedor importância fundamental nesse relacionamento.

É de responsabilidade do vendedor não apenas realizar a venda, mas também zelar para manter seu cliente satisfeito, diz Levitt. Com a venda, a atuação desse profissional está apenas começando.

Trata-se, portanto, de um posicionamento radicalmente distinto do predominante em diversas companhias, que considera que a missão do vendedor se encerra na medida em que a venda é executada.

Na mesma linha de raciocínio, Levitt traz à tona a importância estratégica da ação do vendedor, já que ele catalisa as necessidades e aspirações do cliente como ninguém. Essas informações são fundamentais para a definição das estratégias de marketing.

É por isso que, de acordo com o autor, as atividades de vendas e marketing devem estar cada vez mais integradas e pertencer a um mesmo sistema.

Muitos autores já têm adotado essa visão nos dias de hoje, mas ainda predominam estruturas organizacionais fragmentadas, nas quais se passa mais tempo discutindo as responsabilidades das áreas comerciais e de marketing do que atuando com efetividade.

Essa discussão interdepartamental quase sem fim está na contramão do mercado: a lógica atual diz que todos os silos devem cair e dar lugar a um só pensamento que deve ser tangido em um plano estratégico único. Multidisciplinaridade é um conceito cada vez mais valorizado em um ambiente no qual as fronteiras entre as áreas devem dar lugar ao compartilhamento de ideias e atividades dentro da organização.

A visão de Levitt sobre vendas é de uma atualidade inacreditável.

Um de seus artigos, "Gestão de Relacionamento", deveria ser leitura obrigatória para qualquer profissional de vendas business-to-business (vendas entre empresas) que deseje ser bem-sucedido em sua carreira.

A visão de Levitt traz conceitos absolutamente contemporâneos que foram adotados com êxito por autores como Neil Rackham e Jeffrey Thull por meio de uma abordagem totalmente orientada à venda de valor.

Considerando sua visão a respeito da filosofia do marketing, Levitt não poderia deixar de oferecer uma perspectiva integrando a atividade a vendas, mas, de qualquer maneira, essa visão mostra como Levitt e sua obra são, além de contemporâneos, completos.

O que nos instiga é como ele teria chegado até aí: se hoje a área de vendas ainda padece de uma abordagem mais estratégica, imagine o leitor o que acontecia há mais de três décadas...

Inovação

Com sua visão, Levitt definiu, em 1960, as bases para que a inovação se tornasse uma das estratégias corporativas mais relevantes do negócio.

Ou seja, faz mais de meio século que Levitt anunciou a ascensão da inovação, o "assunto da hora".

É importante, no entanto, explicar o que é inovação para Theodore Levitt.

Ela é um dos meios de atender continuamente às aspirações do cliente, e não um fim em si mesmo, e, por isso, as empresas não podem ficar escravas de um processo exclusivamente orientado à inovação.

A busca por inovar é parte da orientação de marketing da empresa e está alinhada com uma das principais crenças do autor: a importância da diferenciação.

Levitt acreditava que a distinção significativa deve constituir parte central do esforço de marketing e a inovação serve de alimento para essa distinção.

Diferenciação

Adotado por diversos pensadores renomados, um dos conceitos clássicos de nosso autor é o de "produto total", conhecido também como "anéis de Levitt", com o qual se define que um produto é composto por diversas camadas.

As características intrínsecas de um bem (e Levitt considera "bem" tanto produto como serviço), suas funcionalidades e especificações são apenas uma das camadas; descobrimos outras três, quando nos concentramos no foco do cliente, e é nelas que existe o maior potencial de diferenciação: produto esperado, produto aumentado e produto potencial (conforme Figura 10.1).

Tais dimensões contabilizam, respectivamente, o composto de serviço aportado no produto; os incrementos que "aumentam" a atratividade do bem e não são esperados pelo cliente e, finalmente, tudo que é potencialmente viável para atrair e manter clientes.

É com o conceito de "produto total" que Levitt define sua visão sobre as bases da diferenciação. Um produto em sua essência tende à indiferenciação e à commoditização.

O maior potencial de diferenciação, que é uma das atividades fundamentais para que a organização atinja seu propósito, reside nas dimensões mais expandidas do produto. Por isso, é imperativo uma mudança do enfoque na organização a respeito de seu negócio e sua orientação ao mundo do cliente.

Figura 10.1: Conceito de produto total de Theodore Levitt

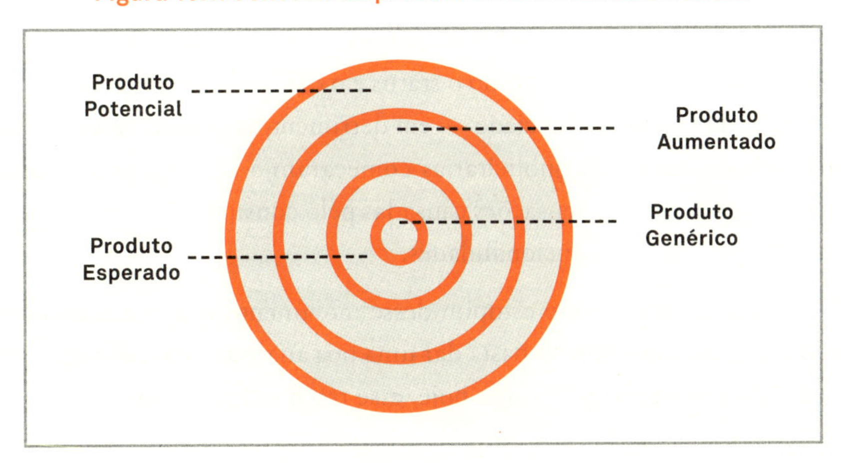

O cerne do pensamento sobre diferenciação de Levitt se apoia na crença da importância do valor criado para os clientes. É aí que ocorre a migração do preço para o valor, do produto para o cliente, das características funcionais da oferta para os benefícios que ela entrega e assim por diante.

As organizações líderes desses novos tempos têm se curvado a esse raciocínio agora, ao terem uma orientação mais ampla a seus clientes.

O já citado exemplo da Apple e seu lucrativo negócio de intermediar o uso de aplicativos em sua plataforma é um bom exemplo dessa dinâmica. Além de estar ancorada na excelência de seu produto genérico (o equipamento iPhone), a organização orienta seus clientes a agir, diferenciando-se dos concorrentes e lucrando com serviços não relacionados ao valor funcional do produto, e sim a seu valor potencial.

Tal pensamento de Levitt expandiu seu alcance além dos meios acadêmico e empresarial e teve eco no setor publicitário. O entendimento de que o cliente compra benefícios, e não as características intrínsecas do bem, foi encampado nos endereços da Madison Avenue e correspondentes, e culminou com um novo paradigma de campanha publicitária que começou a evidenciar as sensações dos clientes e os benefícios gerados pelo produto divulgado, em detrimento de suas características funcionais (o chamado produto genérico).

Foi com essa visão que a publicidade transferiu o foco de suas mensagens para atributos intangíveis, como o status e o conforto social gerados pela aquisição do produto anunciado — em detrimento de suas características tangíveis. Campanhas publicitárias começaram a se concentrar muito mais em evidenciar as sensações causadas pelo consumo de determinado bem do que em suas funcionalidades.

A visão de Levitt foi o estopim desse movimento que se disseminou na publicidade mundial — basta dar uma boa analisada nas propagandas atuais para perceber que, ainda hoje, esse traço se faz presente.

Globalização

A genialidade de Levitt se estendeu ao pensamento sobre globalização.

Como já mencionado, Levitt é considerado por alguns como o "pai" do termo na área de negócios. Prevalecendo-se de seu background em economia, o autor estruturou um pensamento clássico acerca dos impactos da globalização na homogeneização dos gostos dos consumidores.

Seu pensamento apoia-se em duas premissas:

1. a homogeneização das carências do mundo e
2. a disposição das pessoas em sacrificar preferências específicas em características, funções, desenho do produto e coisas parecidas por preços mais baixos e qualidade mais alta.

De acordo com Levitt, isso já justificaria, por si só, a globalização das empresas, que deveriam estender seu alcance de forma decisiva além de seus limites geográficos de origem, desde que conseguissem catalisar adequadamente as demandas desses consumidores globais.

Algumas empresas levaram esse pensamento a ferro e fogo e, imbuídas por sua arrogância imperialista, ingressaram em mercados com a mesma cabeça de suas matrizes. Má interpretação do pensamento de Levitt, já que se internacionalizaram sem a adoção de uma "mente global" que considera como precondição orientar-se às necessidades do cliente do mercado-alvo.

Já as organizações que fizeram uma leitura adequada do contexto estabeleceram-se como companhias globais, e hoje é absolutamente natural o consumo de produtos e serviços globais com algumas adequações locais.

Aliás, a predisposição dos clientes em abrir mão de determinadas preferências em nome de preços menores e qualidade maior, que é a segunda premissa da globalização de Levitt, explica muito bem por que todos os mercados do planeta atualmente são alvo de companhias varejistas norte-americanas e chinesas.

Hoje em dia, o site de e-commerce Alibaba é um dos maiores vendedores de produtos no Brasil. A despeito do longo tempo de entrega e de outras restrições, o consumidor dá preferência a esses players devido ao fato de seu preço nominal ser muito inferior ao dos concorrentes nacionais com qualidade similar.

A sensibilidade a preço do consumidor sempre esteve evidente, porém sua disponibilidade em sacrificar preferências em prol de um dispêndio menor foi o motor de todo esse processo de mudança.

Visão prática do negócio

A orientação de Levitt teve como origem o marketing e é inegável sua contribuição para a disciplina. O alcance de sua obra, porém, vai muito mais longe, pois diz respeito, sobretudo, à estratégia e à essência do negócio.

Uma das passagens do seu livro *A Imaginação de Marketing* revela bastante bem a perspicácia do autor. Ao abordar o conceito de ciclo de vida de produto, Levitt menciona que este se encontra no mesmo patamar que a visão de Copérnico sobre o Universo há 300 anos: muita gente sabia a seu respeito, mas dificilmente alguém parecia utilizá-lo de alguma forma eficaz ou produtiva.

Pedindo licença ao mestre, e com toda a reverência que ele merece, poderíamos trocar o conceito de ciclo de vida do produto pelo de técnicas de gestão necessárias para lidar com os desafios atuais: muita gente sabe a seu respeito, mas dificilmente alguém parece utilizá-las de forma eficaz ou produtiva.

A obra de Levitt nos convida a uma reflexão profunda sobre temas diversos presentes no contexto corporativo. Sua visão é crítica, porém prática, fugindo do academicismo tantas vezes vazio de propósito.

O leitor há de concordar que impressiona como a abordagem dos temas de domínio do pensador é contemporânea e adequada ao momento atual.

Alguns conceitos apresentados com convicção de sua adoção no início da década de 1980 ainda se constituem em progressos não conquistados por boa parte da comunidade empresarial atual e seus líderes.

Então, fica o conselho: comece pelo essencial; comece por Levitt.

PETER DRUCKER, A MAIOR INFLUÊNCIA SOBRE OS GESTORES

É impossível entender realmente o mundo da gestão sem se debruçar sobre a obra de Peter Drucker. Ele foi o primeiro a sistematizar o estudo da administração e foi quem o fez de maneira mais abrangente, cobrindo todos os aspectos, de ponta a ponta. Foi também o mais prático dos teóricos. Por isso, e com todo o louvor, ele é conhecido como o "pai da administração moderna" e também como o "guru dos gurus", ainda que essa fosse uma alcunha que desprezava. Drucker brincava que o termo "guru" só é utilizado porque a palavra "charlatão" fica comprida demais para colocar nas manchetes dos jornais.

Independentemente dos títulos, viajar pela obra de Peter Drucker é sinônimo de viajar pela história da gestão. Surpreende-nos sempre a contemporaneidade de conceitos e pensamentos que foram elaborados há mais de 60 anos — alguns até remontam ao período imediatamente posterior à Segunda Guerra Mundial.

Fruto de seu pioneirismo e brilhantismo, sua influência é tão avassaladora que é difícil encontrar um único conceito do mundo da gestão que não tenha raízes em um de seus pensamentos; certamente o leitor aplica, todos os dias, algum ensinamento de Drucker, mesmo sem se dar conta disso.

Ao longo de quase 96 anos de vida — o mestre faleceu em 11 de novembro de 2005 —, Drucker escreveu mais de 38 livros que venderam milhões de cópias em 37 idiomas.

Nasceu na Áustria, mas tornou-se cidadão norte-americano em 1943, quando lá foi lecionar. Na época, o ambiente acadêmico dirigia sua atenção predominantemente ao contexto econômico e Drucker logo divergiu desse *mainstream*, interessando-se desde cedo pela gestão dos negócios. Em 1945, já publicava sua primeira obra sobre o assunto, que se tornou um clássico: *Concept of Corporation* ("Conceito de Organização", em tradução livre).

O livro originou-se de um convite que Drucker recebeu de Alfred Sloan, lendário presidente da General Motors, para estudar o modelo de gestão da companhia, a maior do país naquele tempo. Desse estudo, que levou 18 meses, emergiram os conceitos que revolucionariam o mercado automobilístico mundial e influenciariam toda a indústria japonesa alguns anos adiante.

Drucker apregoou, por exemplo, a necessidade de adotar a autogestão em detrimento da tradicional linha de montagem. Para ele, esse sistema nunca fora o mais produtivo, porque a linha se movia necessariamente no ritmo do operário mais lento, em prejuízo dos mais rápidos, que, assim, acabavam frustrados. Se nesse modelo o homem servia ao sistema, no sugerido por Drucker, o sistema serviria ao homem.

Sloan não adotou essa e outras sugestões; preferiu manter seu modelo. Nunca saberemos se o magnata se arrependeu da decisão, porém o fato concreto é que esses mesmos princípios foram os grandes responsáveis por levar os japoneses à liderança do setor automobilístico nos anos 1970.

O lançamento retumbante de *Concept of Corporation* formalizou apenas o início da jornada intelectual de Peter Drucker, que nunca se restringiu às fronteiras gerenciais. Ele trafegava fluentemente, e esse era um diferencial seu, entre disciplinas diversas que iam da filosofia à psicologia, da antropologia às artes, da política a tudo mais que o interessasse. Seu foco era entender as minúcias do que estudava.

Como foi ele o principal precursor do management mundial, sua base teórica sempre se baseou no estudo da história e não no pensamento gerencial alheio. Na história estavam as referências que fundamentam suas teorias. No exército prussiano do século XVIII ele encontrou o paralelo ao modo como as empresas se estruturaram em organogramas, por exemplo. Drucker foi, além de lançador de novas ideias, um grande historiador do management.

O fato de ter uma formação em literatura e de ter exercido a profissão de jornalista no início de carreira talvez explique a facilidade com que o mestre conseguia exprimir conceitos complexos em palavras simples. Seus textos reúnem qualidade estética e pragmatismo. Você não encontra neles diagramas complicados ou figuras para explicar conceitos; Drucker prefere contar histórias.

Micro e macro

Uma das principais fortalezas do mestre foi saber articular muito bem os contextos macro e microambientais. Com a mesma sobriedade que abordava temas abrangentes como os efeitos da globalização e a influência do avanço dos mercados emergentes, ele discutia conceitos detalhados e específicos, como gestão do tempo, produtividade pessoal e outros mais táticos.

A síntese de toda sua obra reside, justamente, na articulação de duas visões associadas:

- As corporações são parte do sistema social e têm ocupado posição central na sociedade.
- Boas práticas de gestão resultam em organizações mais eficientes e eficazes (o que, por sua vez, interessa à sociedade).

Como desdobramento desse pensamento, temos:

- Uma análise mais holística a respeito do papel da organização na sociedade.
- A compreensão da relação da empresa com todos os atores envolvidos.
- A importância do foco na operação das tarefas de gestão — visando uma maior produtividade da corporação.

Aliam-se, nesses raciocínios, a visão estratégica e a tática.

A visão macro de Drucker a respeito do contexto social das organizações começou a nascer logo no início da Segunda Guerra Mundial, quando o interesse pelas organizações, pela empresa e pela administração despontou e o levou a analisar a sociedade moderna. Nesse estudo, ele identificou que a organização, e especialmente a grande empresa, estava se transformando rapidamente no novo veículo de integração social. Note que estamos retratando uma visão cunhada na década de 1940, quando a visão predominante ainda era do mecanicismo da Primeira Revolução Industrial.

Tal pensamento foi essencial para suas ideias sobre o objetivo central de uma companhia. "Não confunda ganhar dinheiro com a finalidade da empresa", avisa o pensador. Ganhar dinheiro é uma necessidade para a sobrevivência; já a finalidade consiste em criar um cliente e satisfazê-lo. E a lógica por trás disso é impecável: dentro da organização só existem custos; os resultados encontram-se fora da organização e decorrem de clientes satisfeitos. É para isso que uma empresa é paga (essa abordagem está totalmente alinhada com a já comentada visão de Theodore Levitt a esse respeito, note o leitor).

Em uma analogia de impacto, Drucker comentava que organizações bem-sucedidas não se preocupam em ser felizes; são obcecadas em fazer o cliente feliz (e assim cumprem o primeiro objetivo, por tabela).

Considerando o papel social da organização, sua função de atrair e satisfazer clientes deve ser realizada tendo como foco entregar valor ao ambiente em que essa corporação está inserida: a sociedade.

A empresa moderna é uma organização humana e social.

Com esse preceito, Drucker rompe com a visão tradicional, cujas bases estavam fundamentadas na orientação em extrair, para a companhia, a maior valia do esforço de seus trabalhadores sem considerar seu bem-estar e os efeitos dessa ação sobre a sociedade nas mais diversas esferas: ambientais, trabalhistas, familiares e assim por diante.

Dando a essa perspectiva uma roupagem contemporânea, o autor já sentenciava a importância da criação de valor para todos os stakeholders da organização.

Onde mora o sucesso

Para que a organização moderna tenha êxito, de acordo com Drucker, ela precisa se valer de práticas da administração — ou o que atualmente chamamos preferencialmente de "gestão".

Como o primeiro pensador a debruçar-se de forma sistêmica e em profundidade na análise da administração moderna, Drucker constrói conclusões a esse respeito que ainda hoje são contemporâneas, pois sua adoção não é simétrica nem linear entre os líderes corporativos.

A essência dessa construção residia em sua crença de que a administração em si não é uma ciência, e sim uma prática. E como toda prática deve se nutrir de um amplo campo de ciências verdadeiras. Deve beber de outras fontes como história, filosofia, psicologia, economia e assim por diante.

Vale lembrar também a visão moderna que Steve Jobs tinha a esse respeito, quando comentava que "a tecnologia, casada com as artes liberais, com as humanidades, produz os resultados que fazem nosso coração cantar".

Assim emerge o conceito da "administração como arte liberal" (um dos artigos mais brilhantes do autor é sobre esse tema e leva o mesmo título).

Definição totalmente pertinente que deveria permear todos os modelos de capacitação de profissionais desenvolvidos no mercado. Essas disciplinas do campo das ditas "ciências puras" mereciam estar presentes, e de forma estruturada, nos programas das escolas de negócios, pois trazem uma contribuição de extrema relevância em um ambiente empresarial caracterizado pela complexidade.

Hoje já encontramos no âmbito corporativo companhias com essa preocupação em seus projetos de capacitação. Basta notar como profissionais com notório conhecimento em disciplinas como filosofia, psicologia, ética estão inseridos, cada vez mais, no ambiente corporativo.

Para que essa multidisciplinaridade se traduza em resultados efetivos, no entanto, é necessário haver uma adequada correlação entre os pensamentos vindo dali e os desafios presentes na companhia.

Era nisso que Drucker acreditava.

Para o mestre, os conhecimentos provenientes de outras ciências deveriam ser polarizados em torno da eficácia e dos resultados almejados — construir uma casa, planejar e vender um novo sistema tecnológico, curar um paciente doente. Assim não se corria o risco de dissociar essa busca do conhecimento da realidade das organizações.

A crença de Drucker na alavancagem dessas ciências por meio da administração era tão forte que, projetando a crescente importância da organização de negócios em nosso mundo, ele achava que a disciplina da administração resgataria a relevância e o impacto das chamadas ciências humanas e morais na sociedade.

Uma visão premonitória?

Talvez sim, em certa medida.

Hoje encontramos na pauta de qualquer CEO temas como ética, relações sociais (sociologia, antropologia), comportamentais (psicologia na análise do comportamento do consumidor, por exemplo) etc. Não surpreende que até há pouco tempo estava à frente de um dos maiores bancos privados do país, o Bradesco, um CEO com formação em filosofia — Luiz Carlos Trabuco, que continua na liderança da organização como presidente do seu Conselho de Administração.

Um exemplo emblemático dos benefícios da adoção de conhecimentos transversais na gestão é oferecido pelo próprio Drucker em uma de suas mais bem-sucedidas incursões no meio corporativo (talvez essa seja a mais bem-sucedida): a recuperação da indústria japonesa nos anos do pós-guerra.

Em um de seus livros, Drucker comenta que sempre foi um apaixonado por arte oriental, assunto que estudava regularmente.

Em sua primeira passagem pelo Japão, abordou o tema com desenvoltura, com respeito pela milenar cultura oriental, e assim conquistou a simpatia e a confiança de seus anfitriões.

Esse foi o trampolim para seu trabalho de gestão na terra do Sol nascente, pois lhe abriu as portas na região e aumentou a receptividade a seu nome junto aos orientais. Além disso, Drucker utilizou seu conhecimento histórico-cultural sobre o Japão para auxiliá-lo nas construções teóricas acerca de temas que surgiam praticamente do zero, uma vez que a nação se reconstruía alicerçada em novos fundamentos após os efeitos devastadores da Segunda Guerra Mundial.

O sucesso de todo esse processo, que usou muito da interdisciplinaridade, se concretiza no avanço da economia japonesa ao topo do mundo, com seu modelo de gestão conquistando mercados e sendo exportado como paradigma de excelência mundial. Como reconhecimento por sua ação, Peter Drucker é considerado pelos japoneses um dos três principais estrangeiros responsáveis pela recuperação econômica do país após a Segunda Guerra — os outros dois são Joseph M. Juran e William Edwards Deming.

A gestão e a sociedade

O caso japonês é emblemático por traduzir à perfeição a visão do autor a respeito da importância da administração na sociedade moderna.

O êxito de governos, hospitais, escolas e entidades dos mais diversos perfis e esferas depende muito da qualidade de sua gestão. Os impactos da boa — ou má — administração se fazem sentir nos mais diversos contextos da sociedade e não somente no ambiente empresarial tradicional.

Pensando assim, Drucker contribuiu para alçar a disciplina da administração a uma posição de destaque no contexto social, muito além das fronteiras do ambiente empresarial. Investir no avanço da qualidade de gestão dos cidadãos de uma nação tornou-se, acima de tudo, um objetivo social.

Estamos sentindo, talvez sem saber, outro impacto desse ponto de vista druckeriano na sociedade. Drucker foi o primeiro pensador a enxergar a importância da ação das chamadas "organizações não governamentais".

Percebeu de forma pioneira que os desafios sociais cresciam de forma exponencial e que seriam necessárias instituições paralelas que navegassem tanto pela esfera pública quanto privada para atender a objetivos específicos relevantes para a sociedade.

Drucker contribuiu pessoalmente para o desenvolvimento de diversas instituições com esse perfil, além de ser o fundador de sua própria instituição, o Drucker Institute, cuja missão é melhorar a sociedade estimulando a eficácia na gestão e a liderança responsável.

Drucker acreditava com vigor que os líderes da nova sociedade surgiriam das organizações sem fins lucrativos, já que os desafios impostos por sua gestão representavam oportunidades únicas de aprendizado e desenvolvimento de habilidades.

Ênfase nas pessoas

Nessa visão holística da administração, o pai da administração moderna acreditava que a disciplina tinha de lidar, sobretudo, com valores humanos e sociais.

Como a empresa existe para uma finalidade além de si mesma, a administração surgiu para viabilizar a consecução dessa finalidade, organizando os seres humanos em uma atuação conjunta e criando uma entidade social. Somente quando a administração consegue tornar produtivos os recursos humanos da organização é que se habilita a alcançar os objetivos e resultados externos desejados.

Essa abordagem, pioneira em sua época, mas ainda avançada em muitos contextos atuais, abriu uma nova perspectiva na visão sobre gestão considerando as pessoas como recursos estratégicos de qualquer companhia. Isso lhe parece pouco pragmático, com um viés mais social do que prático?

É aí que, mais uma vez, percebemos o brilhantismo do autor em correlacionar teoria e prática de forma única, ao reconhecer a legitimidade do lucro na esfera corporativa e não se restringir a utopias dissociadas da realidade.

O pensamento de Drucker integra o aspecto social e o mercadológico.

Segundo ele, a primeira responsabilidade social de uma empresa é gerar excedente adequado — ou seja, lucro. Sem um excedente adequado, ela estará roubando da comunidade, e privando a sociedade e a economia do capital necessário para gerar empregos para o futuro. O lucro é a consequência que justifica a existência da companhia. Não é um fim em si, porém sem ele nenhuma organização sobrevive.

No entanto, toda organização deve alinhar sua ação orientada ao lucro com a entrega de valor à sociedade. Por quê? Porque a perenidade da companhia — a sustentabilidade de seu lucro, portanto — será a resposta que a sociedade (aqui representada por clientes fiéis) dará, ou não, aos esforços realizados pela organização, de acordo com o mestre.

Drucker começou a se preocupar com essa perenidade sustentável das corporações quando observou, há mais de 50 anos, uma tendência de as organizações e seus gestores orientarem seus esforços a objetivos de curto prazo — em detrimento de iniciativas relevantes para a longevidade do negócio.

Em mais de um artigo, ele apontou o claro conflito de interesses na mentalidade que começava a imperar no mercado corporativo, dirigida, principalmente, pelos impulsionadores do mercado acionário.

Mais uma prova da clarividência do pensador. Como observamos em capítulos anteriores, estudos nos certificam de que o foco dos acionistas e dos executivos no curto prazo continua sendo a característica-chave do ambiente empresarial. Esses estudos aliados à velocidade do atual contexto corporativo nos mostram que esse movimento está mais presente do que nunca.

No mesmo tom, em 1983, Drucker apontava o chamado "efeito cobiça", representado pelos altos salários dos CEOs. Sugeria que o padrão de remuneração baseado em bônus estratosféricos ligados a objetivos de curto prazo era um erro que deveria ser corrigido pela gestão. Entre outros aspectos, o autor observava que não faziam sentido as brutais diferenças salariais entre líderes e liderados.

Como que antevendo a realidade explosiva que se revelou na devastadora crise global de 2008, Drucker afirmou categoricamente, em um artigo de 1998 publicado na revista *Exame*, que tal padrão de descompasso era "imoral e socialmente inaceitável e nós iremos **pagar caro por isso**".

A premissa de que a organização é, acima de tudo, uma entidade social não comporta a lógica dos bônus milionários dos CEOs, e ainda hoje estamos às voltas com o dilema de encontrar um modelo que recompense os esforços individuais levando em conta seu alinhamento com a sustentabilidade da organização.

Preparar-se para o futuro

Orientar todos os esforços da corporação exclusivamente ao lucro, portanto, não é o suficiente para a perenidade da companhia. Outra dimensão que renega o foco no curto prazo sempre foi muito enfatizada por Peter Drucker: é necessário sempre se preparar para o futuro.

Uma das frases atribuídas ao autor, que se imortalizou, é a que afirma que "a melhor maneira de prever o futuro é criá-lo". Se uma empresa não é capaz de perpetuar-se, significa que fracassou. E para isso não ocorrer é preciso que lidere as transformações necessárias para acompanhar a evolução do ambiente.

A organização que apenas mantém a visão atual perdeu sua capacidade de adaptação. E como a única certeza que temos nos negócios é a mudança, ela não conseguirá sobreviver em um futuro modificado. Esse raciocínio de Drucker é de uma atualidade absoluta, pois a velocidade da mudança em nossos tempos é muito mais avassaladora do que quando foi elaborado esse pensamento.

A tarefa de executar e o trabalhador do conhecimento

O rigor intelectual do velho mestre não deixava escapar questões essenciais que, por um motivo ou outro, desafiavam seu pensamento.

Entra nessa lista a importância da qualidade na gestão interna dos recursos disponíveis da corporação. Só mesmo por meio de uma gestão adequada é que podem ser aproveitadas todas as oportunidades concebidas pelo mercado.

Nesse ponto, Drucker aborda um tema que se encontra muito em evidência no ambiente empresarial: a execução da estratégia como fator crítico de sucesso para qualquer organização.

Sem utilizar a terminologia da forma atual, Drucker enfatiza a importância da tarefa de executar. Segundo ele, os gestores mais bem-sucedidos são aqueles que fazem as coisas certas acontecerem. A principal pergunta que deve ser feita para aumentar a produtividade de uma companhia é: "Qual é a tarefa?"

A partir da resposta surge uma infinidade de orientações destinadas a fazer com que o profissional seja mais eficaz. Um de seus livros, *O Gerente Eficaz*, é inteiramente destinado a gerar conceitos práticos para fortalecer o foco na tarefa e proporcionar a execução eficaz.

Ao mirar aspectos mais comportamentais do trabalhador, Drucker chegou a uma de suas descobertas mais relevantes. Foi em 1959, há incríveis 60 anos, que esse austríaco cunhou o termo "trabalhador do conhecimento".

Dizia ele que as mudanças que estavam ocorrendo se acelerariam porque o perfil do trabalho e o do trabalhador se transformariam. A ascensão do conhecimento redimensionou as relações entre capital e trabalho e é a base indiscutível da sociedade contemporânea.

Essa visão representou uma ruptura com o modelo até então estabelecido e trouxe à tona a crença a respeito do potencial existente em toda organização, representado pelo capital intelectual de seus colaboradores.

Para executar esse potencial, no entanto, as organizações devem criar um contexto adequado para que essas pessoas deem suas contribuições.

De acordo com o autor, ao longo da história, a maioria esmagadora dos profissionais jamais precisou perguntar: "Como posso contribuir?" Instruíam-lhes sobre como fazer isso, e suas tarefas eram ditadas pelo trabalho propriamente — como acontecia com o camponês ou com o artesão — ou por um senhor (ou senhora, como acontecia com os servos domésticos).

Nesse novo contexto, tudo muda. As pessoas devem ser incentivadas a descobrir como podem contribuir.

Indo além, Drucker enfatizou que uma pessoa eficaz coloca seu foco na contribuição. Ela para de enxergar só seu trabalho e olha para fora — para as metas da empresa.

Ela se pergunta: "Que tipo de contribuição posso oferecer para afetar significativamente o desempenho e os resultados da empresa para a qual eu trabalho?" A ênfase passa para a responsabilidade, e hoje sabemos que não há como voltar ao velho modelo de fazer o que mandam ou lhe atribuem.

Se essa visão foi revolucionária quando concebida, impressiona sua atualidade e pertinência com os dias atuais, em que a tecnologia cuida de todas as atividades repetitivas que não demandam esforço cognitivo.

A ampla substituição da mão de obra mecânica, que já se constitui em realidade em todo o mundo, só reforça a tese do velho mestre sobre a demanda para que indivíduos valorizem seu foco no conhecimento. Essa é a única alternativa para que continuem sendo relevantes em um ambiente em que a tecnologia é onipresente, e seu efeito, avassalador.

Mais uma vez, o "guru dos gurus" acertou na mosca.

Cultura organizacional

Segundo Drucker, as contribuições do trabalhador do conhecimento devem estar integradas a um propósito maior, alinhadas com a visão da corporação acerca de seu futuro e suas crenças.

Para tanto, é necessário que a organização construa uma visão unificadora, baseada em compromisso com metas e valores comuns, sem a qual não pode haver um empreendimento, mas somente uma turba de pessoas.

Um empreendimento precisa ter objetivos simples, claros e unificadores que devem ser comunicados com exatidão, como comentamos no primeiro capítulo deste livro, "A Gestão Orientada por Princípios".

Essa perspectiva traz consigo as primeiras incursões do autor no campo da cultura organizacional. Drucker levantou o tema na obra *Prática de Administração de Empresas*, publicada em 1954, quando fez menção ao "espírito" de uma organização, que é justamente o elemento integrador de todos os esforços individuais correntes ali.

Hoje salta aos olhos a valorização de uma visão orientada por princípios. Isso mostra a relevância dessa tese da integração de indivíduos com um propósito maior. O poder de atração exercido por startups que conseguem catalisar essa visão junto aos jovens (muitos as têm escolhido em detrimento das organizações tradicionais) aponta um caminho sem volta. Ou as empresas estabelecidas também alinham suas ações a valores consistentes e sustentáveis ou perderão os melhores talentos, que optarão por contextos com mais significados para suas vidas. Mesmo no Brasil, onde a ilusória segurança do funcionalismo público e dos contratos regidos pela CLT não tem o mesmo apelo de antigamente.

Conceitos sem fim

Seria necessário escrever inúmeros artigos apenas para discorrer sobre os conceitos que foram lançados por Peter Drucker no mundo da gestão e que se consolidaram nesse ambiente.

Além dos já citados "trabalhadores do conhecimento", das referências sobre cultura organizacional, da adoção do conhecimento de outras ciências na gestão, foi Drucker quem primeiro abordou a importância das privatizações, o conceito de gestão por objetivos, a descentralização da empresa e muitas outras ideias que se caracterizaram, sempre, por extrema clareza e alinhamento com a realidade prática.

O conhecimento de Drucker é essencial.

Não apenas por retratar a essência do mundo da gestão, mas por ser indispensável para entendermos o contexto em que estamos inseridos e nossos desafios.

Se a principal premonição do maior pensador do management mundial de todos os tempos talvez tenha sido entender que o contexto corporativo seria dirigido cada vez mais pela instabilidade, imprevisibilidade e mudança, a maior contradição é que, apesar de toda essa mudança, continuamos encontrando em sua obra conceitos que nunca mudam — e, portanto, nunca perdem a utilidade.

Nós, Salibi e Sandro, garantimos: muitas das respostas que o leitor procura sobre o futuro ainda repousam no conhecimento transmitido por Peter Drucker.

EXPERIÊNCIA EXPANDIDA

Ozires Silva analisa Peter Drucker, com quem conviveu, Theodore Levitt e o crescimento da China

Um cuidado com as mudanças de nosso tempo: O **"NOVO PELO NOVO"** não faz sentido.

O que muda é a conjuntura; a essência dos conceitos permanece igual.

Os conceitos clássicos de gestão devem ser adaptados para os dias atuais.

Essa reflexão parte de dois pensadores seminais da história da gestão.

THEODORE LEVITT E O MARKETING NO CENTRO DA ORGANIZAÇÃO

- Primeiro pensador a entender a relevância do marketing em toda a história.
- Um dos responsáveis pela popularização do termo "globalização" nos negócios.
- Fortaleceu a visão de que o propósito de uma empresa é criar e manter clientes. O lucro é consequência desse sistema.

* Cunha aquela que talvez seja a pergunta mais relevante do ambiente empresarial de todos os tempos: em que negócio você está? (What business are you in?, do original em inglês.)
* Formulou o conceito de "produto total" adotado por inúmeros pensadores da gestão e executivos.

PETER DRUCKER, A MAIOR INFLUÊNCIA SOBRE OS GESTORES

* É conhecido como o "pai da administração moderna".
* Foi pioneiro na visão de que as corporações são parte do sistema social e têm posição central na sociedade.
* A empresa moderna é uma organização humana e social.
* Boas práticas de gestão resultam em organizações mais eficientes e eficazes (o que interessa à sociedade, por sua vez).
* Ganhar dinheiro é uma necessidade para a sobrevivência da empresa; já a finalidade consiste em criar um cliente e satisfazê-lo.
* Dentro da organização só existem custos; os resultados encontram-se fora da organização e decorrem de clientes satisfeitos.
* Os impactos da boa – ou má – administração se fazem sentir nos mais diversos contextos da sociedade e não somente no ambiente empresarial tradicional.
* Foi o primeiro pensador a enxergar a importância das "organizações não governamentais".
* O pensador acreditava que a disciplina tinha de lidar, sobretudo, com valores humanos e sociais.
* Uma das frases atribuídas ao autor, que se imortalizou, é a de que "a melhor maneira de prever o futuro é criá-lo".
* Se uma empresa não é capaz de perpetuar-se, significa que fracassou.
* Foi pioneiro ao abordar a relevância da execução da estratégia como fator crítico de sucesso para qualquer organização.
* Trouxe a visão da necessidade da construção de uma visão unificadora para as organizações, baseada em compromisso com metas e valores comuns, sem o qual não pode haver um empreendimento, mas somente uma turba de pessoas.

Seu
Mapa

SEU MAPA *de* insights

Com base no que você leu aqui e em sua experiência prática, anote seus insights em cada capítulo.

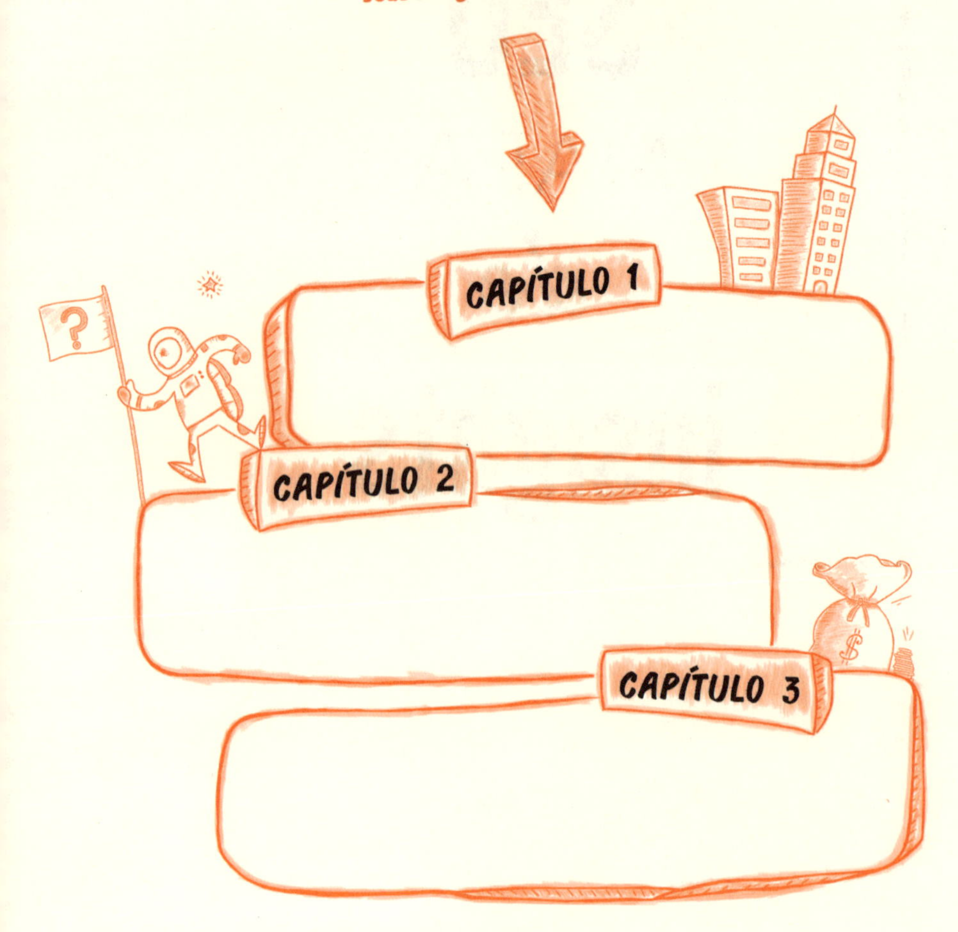

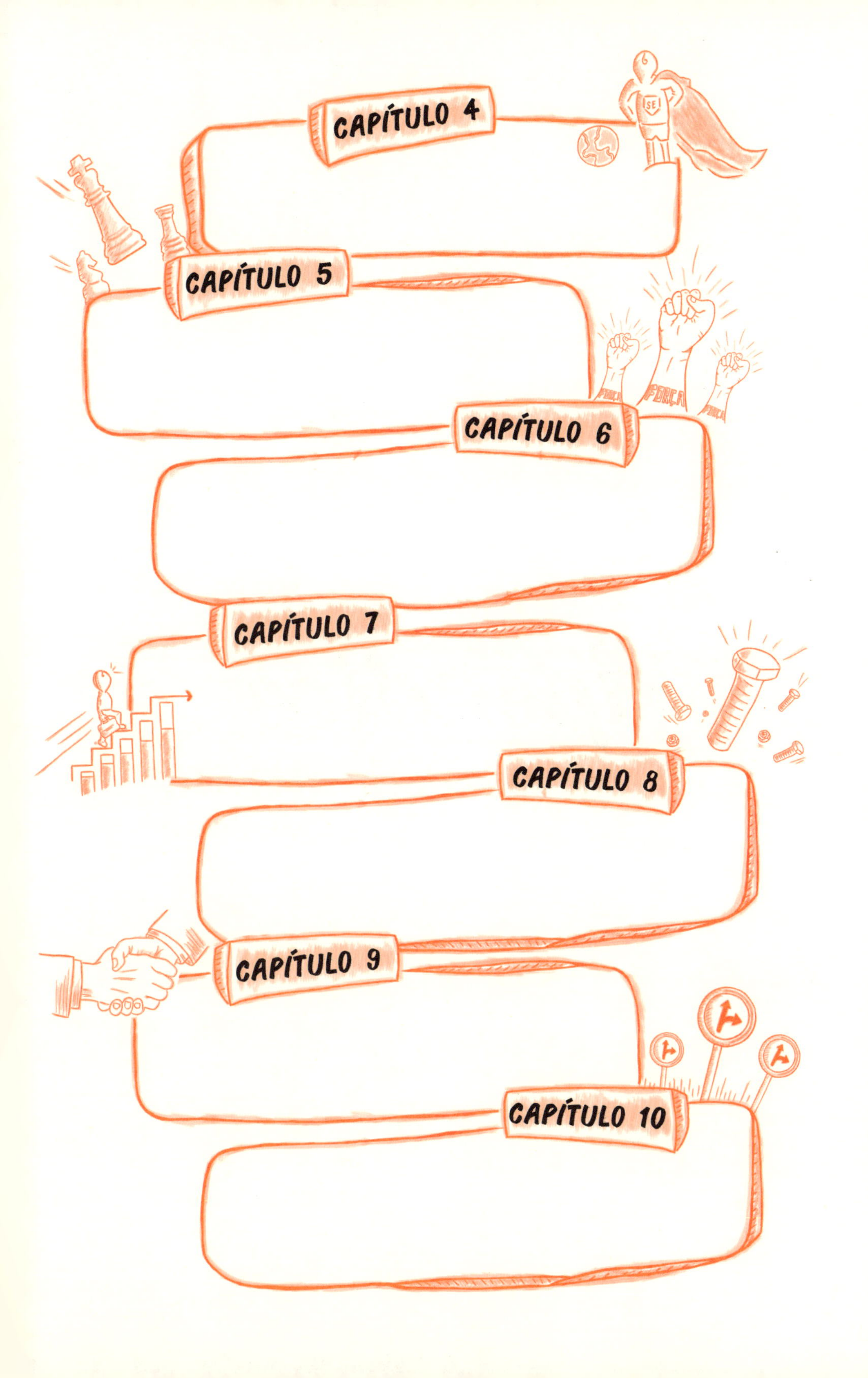
CAPÍTULO 4
SE
CAPÍTULO 5
FORÇA
FORÇA
FORÇA
CAPÍTULO 6
CAPÍTULO 7
CAPÍTULO 8
CAPÍTULO 9
CAPÍTULO 10

Apêndice

INSIGHTS
bibliográficos

Se as escolas de negócios incluem uma bibliografia sugerida para cada uma de suas disciplinas, nós também podemos propor livros para o conhecimento obtido fora da sala de aula, certo?!

A seguir, listamos livros bastante práticos que rendem muitos insights para gestores, especialmente para aqueles que fazem o exercício das anotações — de preferência, à mão mesmo, com lápis, caneta esferográfica, ou até marca-texto —, no próprio livro ou em um caderno à parte.

(Dizem alguns neurocientistas que escrever à mão, especialmente em letra cursiva, exige maior esforço de integração entre as áreas simbólicas e motoras do cérebro, o que nos dá maior fluência na linguagem — e possivelmente também nas ideias.)

Caneta a postos, boa leitura e bons insights!

BATALHA, Marta M.; DUARTE, Cesar. **Pastoral da Criança: 20 anos de vidas.** São Paulo: Editora Loyola, 2003.

Permite que conheçamos em detalhe o projeto da Pastoral da Criança e percebamos o alcance em profundidade (e a influência em abrangência) de uma visão norteada por princípios claros. Estávamos no processo de elaboração do livro quando ocorreu a fatalidade do falecimento de Zilda Arns e, ao entendermos com mais profundidade sua visão à frente do projeto, ficou claro que se trata de uma base prática que mostra o poder dos princípios na mobilização de pessoas em torno de um objetivo comum.

BERGER, Warren. **A More Beautiful Question: The power of inquiry to spark breakthrough ideas.** Nova York: Bloomsbury, 2014.

O jornalista Warren Berger admite logo no início do seu livro: “Eu tenho feito perguntas durante toda a minha vida, mas, até poucos anos atrás, nunca tinha parado para pensar no papel fundamental que as perguntas têm em capacitar as pessoas a inovar, resolver problemas e evoluir profissional e pessoalmente." Berger só se deu conta disso ao fazer uma série especial de artigos sobre como designers, inventores e engenheiros têm ideias e solucionam o insolúvel. "Eu busquei denominadores comuns entre esses brilhantes criadores de mudanças e a coisa que mais se destacou foi que eles eram excepcionalmente bons em fazer perguntas." A partir disso, Berger faz um livro ambicioso sobre o questionamento inovador e as melhores técnicas para fazer boas perguntas nos negócios e na vida pessoal.

BAUMAN, Zygmunt. **Modernidade Líquida**: O empresário que liderou a inovação no Vale do Silício. São Paulo: Editora Jorge Zahar, 2001.

Um dos melhores retratos dos dias atuais não foi escrito sob medida para o mercado corporativo, porém traz uma perspectiva que se encaixa como uma luva para nós. Trata-se de uma boa "plataforma" para nos fazer refletir sobre nossos desafios "bebendo em outras fontes", no melhor estilo da pós-modernidade que invadiu todos os campos do conhecimento, incluindo o da gestão.

BROOKS, Alison Wood; JOHN, Leslie K. **The Surprising Power of Questions**. Harvard Business Review. Cambridge, maio–junho/2018.

Ao contrário do que se pensa, o poder do questionamento vai muito além da troca de informações. A prática estimula o aprendizado, a inovação e uma melhor performance, à medida que constrói confiança e alavanca o trabalho em equipe. Também pode mitigar riscos, uma vez que pode expor armadilhas e perigos no caminho. As autoras propõem um novo método socrático capaz de criar valor para as empresas.

CARLIN, John. **Conquistando o Inimigo**: Nelson Mandela e o jogo que uniu a África do Sul. Rio de Janeiro: Editora Sextante, 2009.

Inspirou o filme "Invictus", que mostra a força da liderança de Nelson Mandela ao aproveitar a Copa do Mundo de Rúgbi para unir a nação em torno de um propósito comum. As ações de Mandela são um exemplo prático das possibilidades de geração de valor por meio das pessoas e o poder de trazer todos para "jogar o seu jogo".

CASTELAR, Mário. **O Marketing da Nova Geração: Como competir em um mundo globalizado e interconectado.** Rio de Janeiro: Editora Campus, 2008.

Propõe uma visão contemporânea e brasileira a respeito do marketing. Castelar traça, por meio de histórias deliciosas, uma perspectiva histórica do marketing no país, explicando nosso presente e o futuro também em função do passado. Um dos pontos altos ocorre quando ele se vale de seu amplo conhecimento da música popular brasileira para ilustrar tal evolução.

CLIFTON, Donald O.; BUCKINGHAM, Marcus. **Descubra Seus Pontos Fortes: Um programa revolucionário que mostra como desenvolver seus talentos especiais e os das pessoas que lidera.** Rio de Janeiro: Editora Sextante, 2008.

Fruto de uma pesquisa abrangente realizada pelo Instituto Gallup, tem como proposta de base a alavancagem dos pontos fortes em detrimento da orientação exclusiva a fraquezas e vulnerabilidades. Os autores apresentam referências práticas extremamente interessantes — ou, para sermos mais exatos — relevantes.

COLLINS, Jim. **Como as Gigantes Caem: E por que algumas empresas jamais desistem.** Rio de Janeiro: Editora Alta Books, 2019.

É interessante por representar o que seria um contraponto à consagrada linha de pesquisas que Collins iniciou com o best-seller Feitas para Durar. Aqui, em vez de analisar os motivos do sucesso das empresas longevas, o célebre pensador da gestão se dedica a explorar as razões por que algumas fracassam. Tal pensamento, bastante oportuno, inspirou-nos no insight a respeito dos riscos da prepotência nas organizações.

COVEY, Stephen R. **Os 7 Hábitos das Pessoas Altamente Eficazes: Lições poderosas para a transformação pessoal.** Rio de Janeiro: Editora Best Seller, 2005.

Este famoso best-seller aborda os hábitos e comportamentos que levam as pessoas à eficácia. O maior mérito de Covey neste livro, contudo, talvez poucos tenham percebido: ele não se restringe à esperada orientação eminentemente motivacional; os conceitos apresentados são poderosos de fato e geram reflexões importantes no que se refere à evolução pessoal.

DEMING, W. Edwards. **Qualidade: A revolução da administração.** São Paulo: Editora Saraiva, 1990.

Quer conhecer os pilares do pensamento que ainda hoje influencia sobremaneira organizações e pensadores do porte e grandeza de um Vicente Falconi no Brasil? O livro é esse. A visão de Deming foi um dos elementos norteadores de nossa abordagem sobre princípios e essa é a obra clássica por definição do pai da qualidade total.

DRUCKER, Peter F. **As Fronteiras da Administração: Onde decisões do amanhã estão sendo determinadas hoje.** São Paulo: Editora Pioneira, 1989.

________. **As Novas Realidades: No governo e na política, na economia e nas empresas, na sociedade e na visão do mundo.** São Paulo: Editora Pioneira, 1991.

________. **Administrando para o Futuro: Os anos 90 e a virada do século.** São Paulo: Editora Pioneira, 1992.

________. **Managing in the Next Society.** Nova York: St Martin Press, 2002.

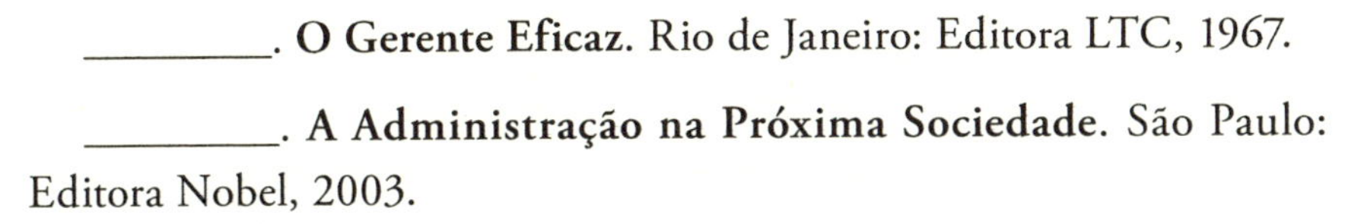

________. **O Gerente Eficaz**. Rio de Janeiro: Editora LTC, 1967.

________. **A Administração na Próxima Sociedade**. São Paulo: Editora Nobel, 2003.

É uma tarefa inglória incluir Peter Drucker em uma bibliografia, mesmo uma mais informal como é a nossa. Relacionamos as obras que nos serviram mais diretamente de referência e inspiração, mas haveria outras tantas para citar a rigor. No livro *As Fronteiras da Administração*, chamamos a atenção, especificamente, para o artigo intitulado "Administração como Arte Liberal", verdadeira obra-prima. A forma visionária que Drucker descreve o contexto da gestão no mundo é assustadora de tão clara e premonitória. Diríamos que, no caso de Drucker, qualquer leitura vira fonte de insights. Nossa sugestão ao leitor? Não perca tempo, leia tudo que chegar às suas mãos sobre Peter Drucker. Se já leu, leia novamente, pois, com a mudança do contexto, muda a compreensão dos ensinamentos do "guru dos gurus" e mais relevantes ainda estes ficam.

DRUCKER, Peter; HESSELBEIN, Frances; KUHL, Joan Snyder. **Peter Drucker's Five Most Important Questions**: Enduring wisdom for today's leaders. Hoboken: Wiley, 2015.

Esse livro é considerado um framework prático para os líderes se autoavaliarem e para facilitar a aplicação da filosofia gerencial do "pai da administração moderna", testada e aprovada pelo tempo. As cinco perguntas essenciais mencionadas no título, complexas e impactantes, são relevantes para qualquer tipo de organização, com ou sem fins lucrativos, de qualquer porte, com atuação local ou global.

GLADWELL, Malcolm. **O Ponto da Virada**. Rio de Janeiro: Editora Sextante, 2009.

Sua publicação é recente, mas, em nossa opinião, já merece a classificação de "uma das obras mais interessantes do management mundial".

Gladwell foi pioneiro em expor referências sobre o poder dos relacionamentos em rede (isso antes mesmo da influência da internet em nossa vida). Os exemplos práticos são muito valiosos e mais do que concretizam nossa visão a respeito do poder do networking de valor.

GRACIOSO, Francisco. **Empresas Perenes: O humanismo como filosofia de gestão.** São Paulo: Editora Atlas, 2010.

Apresenta as bases do humanismo aplicado às organizações, que tem como uma das principais referências o respeito ao próximo como filosofia de gestão. Esse pensamento é um dos fundamentos de nosso pensamento sobre a orientação e respeito aos talentos de cada pessoa na organização. Vale dizer que o autor, professor Gracioso, é um dos maiores responsáveis pelo crescimento e evolução da Escola Superior de Propaganda e Marketing (ESPM).

HELLER, Robert. **Andy Grove: O empresário que liderou a inovação no Vale do Silício.** São Paulo: Editora Publifolha, 2001.

Andy Grove é um dos empreendedores mais emblemáticos da nova leva de empreendedores provenientes da evolução tecnológica que teve como berço o Vale do Silício. Seus pensamentos sempre são provocadores e profundos. Nessa obra é possível conhecer a história do fundador da Intel e suas realizações.

LEVITT, Theodore. **A Imaginação do Marketing.** São Paulo: Atlas, 1990.

Deveria ser leitura obrigatória em qualquer escola orientada a marketing e para qualquer gestor interessado em se aprofundar no tema. É incrível a atualidade de temas abordados há mais de 20 anos. O artigo "Miopia em Marketing" mostra-se um caso à parte. Leitura inspiradora e indispensável, estamos diante de uma das principais obras que tratam do mundo empresarial, não só do marketing, mas da gestão como um todo.

Liker, Jeffrey K. **The Toyota Way: 14 Management principles from the world's greatest manufacturer.** Nova York: McGraw-Hill, 2003.

Existem inúmeros livros a respeito da Toyota e seu modelo de gestão. Esse se destaca dos demais, no entanto, porque Jeffrey Liker é um dos pioneiros no estudo dessa organização e traz uma visão diferenciada: para explorar as características desse modelo vencedor, tem como ponto de partida justamente os 14 princípios Toyota. Os princípios Toyota nos inspiraram a validar a essência de nosso pensamento a respeito do tema.

MAGALDI, Sandro. **Vendas 3.0: Reposicionando o vendedor, a equipe de vendas e toda a organização.** Rio de Janeiro: Editora Campus, 2013.

Esse livro, de autoria de Sandro Magaldi, propõe uma visão contemporânea da atividade de vendas, procurando explorar os desafios e o reposicionamento dessa área dentro do novo ambiente de negócios. A mudança do tático para o estratégico e o novo perfil do profissional estão entre os pontos-chave tratados.

MALSEED, Mark; VISE, David A. **Google: A história do negócio de mídia de maior sucesso dos nossos tempos.** Rio de Janeiro: Editora Rocco, 2007.

É a biografia de uma empresa que cresce com base na cumplicidade entre seus fundadores, o norte-americano Larry Page e o russo Sergey Brin. Essa história nos inspirou demais, porque "escancara" a influência de um relacionamento "transgressor", ou seja, que vai além da confiança, no sucesso medido em crescimento e lucro. Lembre-se de que estamos falando de um dos maiores fenômenos corporativos da atualidade.

MIGUELES, Carmen; SOUZA, Gustavo da Costa de; LAFRAIA, João Ricardo Barusso. **Criando o Hábito da Excelência.** Rio de Janeiro: Editora Qualimark, 2007.

Desvenda os melhores caminhos, muitos dos quais ainda pouco conhecidos, para criar uma organização pautada pela excelência. A obra foge das convencionais e superficiais "receitas de bolo" e traz ideias-chave que incentivam reflexões importantes sobre esse imenso desafio de negócios que todos nós enfrentamos.

MOREIRA, José Carlos Teixeira. **Usina de Valor.** São Paulo: Editora Gente, 2009.

É, sobretudo, uma enorme usina de inspiração para nós, uma verdadeira Itaipu. A abordagem do professor José Carlos Teixeira Moreira acaba permeando, de uma maneira ou outra, boa parte dos insights relatados nestas páginas, e consideramos a leitura de seu livro obrigatória para qualquer um que queira adotar uma visão orientada para gerar valor em seus negócios.

NETO, José Salibi. **Árvores Não Crescem até o Céu.** HSM Management. São Paulo, janeiro–fevereiro/2006, edição 54.

Uma das últimas entrevistas do pai do management mundial foi concedida a José Salibi Neto. É incrível a sobriedade e clareza dos pensamentos de Drucker que aqui se percebem, para não falar da contemporaneidade das ideias expressas. Encontra-se nessa conversa uma seleção de insights druckerianos de primeira grandeza. Vale a pena prestar atenção, especialmente, à análise do mestre sobre as particularidades brasileiras — gerenciais, econômicas e culturais.

NETO, José Salibi. Desafiar e Confiar para Inovar. HSM Management. São Paulo, janeiro-fevereiro/2010, edição 78.

Essa entrevista realizada com Laércio Giampani, diretor-presidente da Syngenta Proteção de Cultivos no Brasil, apresenta em detalhe o Programa de Excelência em Distribuição Syngenta (PEDSyn), um benchmark inegável sobre parcerias de valor e uma das principais referências de nossa visão sobre o tema. No caso da Syngenta e seus distribuidores preferenciais brasileiros, as parcerias foram elevadas a um patamar quase inédito.

NETO, José Salibi. O Jack Welch da Saúde. HSM Management. São Paulo, março–abril/2010, edição 79.

O médico-cirurgião Edson de Godoy Bueno, fundador e líder do Grupo Amil, fica muito à vontade quando conversa com seu amigo José Salibi Neto. Aqui, sem papas na língua, ele relata as minúcias do desafio de criar o maior grupo de medicina privada da América Latina. Trata-se de um farol para a visão de liderança que defendemos no capítulo sobre "sonhar com um parafuso a mais" e para outros tantos insights abordados neste livro.

NETO, José Salibi. Os 18 Princípios de uma Vitoriosa Cultura de Gestão do Brasil. HSM Management. São Paulo, janeiro–fevereiro/2008, edição 66.

Uma das raríssimas entrevistas de Jorge Paulo Lemann, que forma com Marcel Telles e Carlos Alberto Sicupira a empresa de investimentos 3G, acionista de empresas que vão de AB InBev a Burger King. Nela, Lemann dialoga com José Salibi Neto e explora sua visão de sucesso baseada na cumplicidade com seus dois parceiros de toda a vida. É uma leitura imperdível.

NETO, José Salibi; MAGALDI, Sandro. Gestão por Princípios do Brasil para o Mundo. HSM Management. São Paulo, maio–junho/2010, edição 80.

Nessa entrevista que conduzimos com alguns dos principais gestores da AB InBev — incluindo João Castro Neves, presidente na América Latina —, é possível entender a filosofia que está por trás da adoção dos princípios como ferramenta de gestão do grupo. Apesar de não retratar especificamente os princípios Ambev, é possível, por meio desse artigo, entender a origem e a essência desse processo na organização.

PACKARD, David. The HP Way: Como Bil Hewlett e Eu Construímos Nossa Empresa. Rio de Janeiro: Editora Campus, 1996.

Conta a história da construção da HP, uma das principais organizações da atualidade, narrada por um dos personagens que a protagonizaram: o fundador Dave Packard. A cumplicidade dos sócios ao longo dessa trajetória é tocante e foi uma das principais fontes de inspiração para nosso capítulo sobre o tema.

SEMLER, Ricardo. Virando a Própria Mesa: Uma história de sucesso empresarial made in Brasil. Rio de Janeiro: Editora Rocco, 2002.

Lançado em 1988, foi um dos primeiros best-sellers de negócios produzidos no Brasil. Ricardo Semler contou uma história de *turnaround* genuinamente brasileira permeada por uma visão liberal e avançada de gestão, nada convencional na época. Entre as experiências relatadas pelo autor à frente da Semco, destacam-se a importância dos princípios para uma organização e uma visão pragmática a respeito do alinhamento das pessoas em torno deles. O posicionamento de um gestor brasileiro sobre o tema é algo que nos faz pensar; não são só os estrangeiros que se importam com princípios.

SESNO, Frank. **Ask More: The power of questions to open doors, uncover solutions, and spark change.** Nova York: Amacom, 2017.

Dono de um talk show dominical na rede de TV norte-americana CNN, Frank Sesno compartilha casos de grandes perguntadores da vida real, gente que consegue utilizar questões com precisão, seja para obter aquelas informações específicas que resolverão um problema difícil, seja para tornar seus interlocutores mais criativos, para evitar armadilhas, para criar lanços humanos mais fortes, para desenvolver os outros. Criando uma tipologia de perguntas conforme a finalidade, o livro mostra como a capacidade de perguntar nos transforma em melhores aprendizes e melhores líderes, e ainda aumenta nosso potencial de inovar.

SINEK, Simon. **Start with Why: How great leaders inspire everyone to take action.** Nova York: Penguin, 2009.

Na esteira de uma ousada meta de construir um mundo em que a maioria das pessoas volte para casa satisfeita com seu trabalho, Sinek está espalhando o conceito do "Por quê?" por organizações de todo o mundo, do Congresso dos Estados Unidos a pequenos negócios, passando por corporações gigantescas, como Microsoft e Walmart, e por players de Hollywood. Logo no início do livro, Sinek conta como a descoberta das perguntas lhe restaurou a paixão pela vida.

WATSON JR., Thomas J. **A Business and Its Beliefs: The ideas that helped build IBM.** Nova York: McCraw-Hill, 2003.

Traz as principais ideias que ajudaram a construir a IBM; de autoria de Thomas Watson Jr, filho do fundador da Big Blue, a obra, que teve sua primeira edição em 1963, evidencia a crença em princípios e valores fundamentais para o crescimento sustentável de uma organização. Seu conteúdo nos auxiliou a validar nosso insight sobre o tema por meio de um caso prático de sucesso mundial.

WALTON, Sam. Made in América. Rio de Janeiro: Editora Campus, 2005.

Biografia de uma das figuras mais representativas do mundo dos negócios de todos os tempos e que dispensa maiores apresentações: Sam Walton. Sua ação e visão criaram uma das maiores empresas do mundo, a gigante varejista Walmart, orientada por preceitos simples e claros. Trata-se de uma lição de humildade e inspiração para todo empreendedor e gestor.

ZANINI, Marco Túlio. Confiança: O principal ativo intangível de uma empresa. Rio de Janeiro: Editora Campus, 2007.

De modo estruturado e pragmático, posiciona confiança como um ativo organizacional — intangível. Essa visão do professor Marco Túlio é a base de nosso pensamento a respeito de cumplicidade e parcerias de valor, uma vez que confiança é o que precede esses dois estágios de relacionamento. O livro mostra como é possível, de fato, criar riqueza para a organização a partir da construção de laços de confiança entre seus colaboradores.

ZANINI, Marco Túlio; MIGUELES, Carmem (org.). Liderança Baseada em Valores: Caminhos para ação em cenários complexos e imprevisíveis. Rio de Janeiro: Editora Campus, 2009.

Uma coletânea de textos que apresenta a visão da liderança baseada em valores, entre os quais a confiança, um dos ativos intangíveis mais relevantes de uma organização. Leitura complementar à anterior, é importante particularmente pela reflexão que oferece sobre o papel do líder na construção de ambientes com esse perfil.

ZUBOFF, Shoshana; MAXMIN, James. **O Novo Jogo dos Negócios: Por que as empresas estão decepcionando as pessoas e a próxima etapa do capitalismo.** Rio de Janeiro: Editora Campus, 2002.

A polêmica professora da Harvard Business School e o executivo James Maxmin, que ocupou cargos de comando em empresas como Volvo e Laura Ashley, concluíram que o capitalismo, como ele é hoje, morreu, porque os indivíduos agora desejam algo que as empresas convencionais não conseguem entregar: apoio ou, mais claramente, relacionamento. Esse livro foi uma das principais bússolas para o capítulo sobre Gestão Orientada para Servir (GOS).

ROTAPLAN
GRÁFICA E EDITORA LTDA
Rua Álvaro Seixas, 165
Engenho Novo - Rio de Janeiro
Tels.: (21) 2201-2089 / 8898
E-mail: rotaplanrio@gmail.com